これからの介護・福祉事業を担う経営“人財”

介護福祉経営士テキスト

実践編Ⅱ

介護事故と安全管理

その現実と対策

小此木　清　編著

JMP 日本医療企画

● 総監修のことば

なぜ今、「介護福祉」事業に経営人材が必要なのか

介護保険制度は創設から10年あまりが経過し、「介護の社会化」は広く認知され、超高齢社会の我が国にとって欠かせない社会保障として定着している。この介護保険制度では「民間活力の導入」が大きな特徴の1つであり、株式会社、社会福祉法人、NPO法人など多岐にわたる経営主体は、制度改正・報酬改定などの影響を受けつつも、さまざまな工夫を凝らし、安定した質の高いサービスの提供のため、経営・運営を続けている。

しかしながら、介護福祉業界全般を産業として鑑みると、十分に成熟しているとは言えないのが現実である。経営主体あるいは経営者においては経営手法・マネジメントなどを体系的・包括的に修得する機会がなく、そのため、特に介護業界の大半を占める中小事業者では、不安定な経営が多くみられる。

安定的な介護福祉事業経営こそが、高齢者等に安心・安全なサービスを継続して提供できる根本である。その根本を確固たるものにするためにも体系的な教育システムによって経営を担う人材を育成・養成することが急務であると考え、そのための教材として誕生したのが、この『介護福祉経営士テキストシリーズ』である。

本シリーズは「基礎編」と「実践編」の2分野、全21巻で構成されている。基礎編では介護福祉事業の経営を担うに当たり、必須と考えられる知識を身につけることを目的としている。制度や政策、関連法規等はもちろん、倫理学や産業論の視点も踏まえ、介護福祉とは何かを理解することができる内容となっている。そして基礎編で学んだ内容を踏まえ、実際の現場で求められる経営・マネジメントに関する知識を体系的に学ぶことができるのが実践編という位置付けになっている。

本シリーズの大きな特徴として、各テキストの編者・著者は、いずれも第一線で活躍している精鋭の方々であり、医療・介護の現場の方から教育現場の方、経営の実務に当たっている方など、そのフィールドが多岐にわたっていること

が挙げられる。介護福祉事業の経営という幅広い概念を捉えるためには、多様な視点をもつことが必要となる。さまざまな立場にある執筆陣によって書かれた本シリーズを学ぶことで、より広い視野と深い知見を得ることができるはずである。

介護福祉は、少子超高齢化が進む日本において最重要分野であるとともに、「産業」という面から見ればこれからの日本経済を支える成長分野である。それだけに日々新しい知見が生まれ、蓄積されていくことになるだろう。本シリーズにおいても、改訂やラインアップを増やすなど、進化を続けていかなければならないと考えている。読者の皆様からのご教示を頂戴できれば幸いである。

本シリーズが経営者はもとより、施設長・グループ長など介護福祉経営の第二世代、さらには福祉系大学の学生等の第三世代の方々など、現場で活躍される多くの皆様に学んでいただけることを願っている。そしてここで得た知見を机上の空論とすることなく、介護福祉の現場で実践していただきたい。そのことが安心して老後を迎えることのできる社会構築に不可欠な、介護福祉サービスの発展とその質の向上につながると信じている。

総監修

江草安彦
社会福祉法人旭川荘名誉理事長、川崎医療福祉大学名誉学長

大橋謙策
公益財団法人テクノエイド協会理事長、元日本社会事業大学学長

北島政樹
国際医療福祉大学学長

（50音順）

安全管理を多角的に眺める視点と情報共有の重要性

本書の読者である介護経営を目指す方々には、ぜひ「介護の安全管理」を多角的に眺めていただきたいと考えます。

つまり、介護事業者の観点からだけではなく、介護従事者はもとより、医療・看護関係者、高齢者、家族の視点を持つことです。さらに、介護を支える市町村という行政、そして認知症高齢者に対する後見人を選任する家庭裁判所という司法もまた、忘れてはならないでしょう。

介護事業者側の観点だけでは、コスト面が強調されがちです。しかし、医療・看護関係者側の視点から見れば、介護に対する指示を受け、協議するという手続き面が重視されるでしょう。また、高齢者本人・家族の視点からは、情報が乏《とぼ》しくなりがちで、介護行為に受け身となっていることから、わからないことに対する不安を除去することを優先すべきです。さらに行政・司法に対しては、権利擁護と安全管理との均衡を維持しながら介護行為を行っている旨を説明できなければなりません。

本書により、介護に対する安全管理を学ぶことで、これら多様な視点を持つことができ、独りよがりの判断に陥ることを防いでくれるでしょう。

例えば介護事故では、明らかな過失によって事故を発生させた場合だけでなく、高齢者側に主に起因する事故の場合にも、一部認容判決により損害賠償が求められます。しかし、介護従事者に強い安全配慮を求めすぎると、介護行為に対して萎縮効果を与えてしまいます。あえていうなら、介護マニュアル通りの形式的手順により、介護の目的を見失った介護サービスは、決して高齢者側にとって快適な生活をもたらしません。介護目的に即した介護サービスの提供が快適な生活に役立ち、事故を避けられる行為ならば、高齢者や家族は決して損害賠償請求を求めることはないはずです。介護事業者側は、介護サービスにより家族の負担を代替し、快適な生活に向けられているという目的に応じた安全管理を忘れてはならないのです。それが、高齢者・家族の視点からの介護サービスとなるからです。それゆえ、明らかな過失に対する損害賠償保険への加入とともに、定期保険の加入による損失の分担を図ることも安全管理にとって必要なことであろうと提唱しております。

そして、著者は特に「第10章　安全管理」で、「情報共有」の重要性を訴えています。介護行為に対する情報を共有することで、介護行為の安全性が高められるのです。

介護は、介護の対象とする高齢者に危うさの影が差してきたから必要とされるものであり、常に事故が予測されるといっても過言ではありません。それゆえ、介護事業者は、まず介護従事者間で対象高齢者の危うさに対する刻々と変化していく情報を共有しなければならないのです。また、その情報を対象高齢者に携わる医療・看護関係者と共有することで、対象高齢者に対する介護の安全を図ることが可能となります。さらに、対象高齢者本人、家族への説明と理解を得ることが安全管理の要となります。介護は当事者である高齢者・家族との情報共有があって初めて成り立つものだからです。

本書では、介護の安全管理に必要不可欠な説明と理解のための要素を簡潔に指摘しているにすぎませんが、ここでその重要性を強調しておきます。

小此木　清

CONTENTS

第1章

序論

1 介護事故と安全管理

1 介護の社会化に伴う介護事故の増加

超高齢社会における介護の社会化により、介護は大きな役割を有し、存在感を増してきました。その一方で、介護事故(高齢者・障害者等の利用者に対する不利益や危険、人身損害等)という負の部分も増加している状況となっています。

介護事故に対する安全管理は、介護経営の観点からも非常に重要なものと位置付けられます。とはいえ、従来医療行為とされた痰《たん》の吸引や胃ろうの実施行為が介護職員にも認められ、介護行為の範囲が拡大されている今日、介護事故に関する安全管理が強調されるばかりに介護サービスが萎縮してしまうことがあってはなりません。高齢者にとって、必要な介護サービスを受けられなくなることは、快適な老後を過ごす時間と場所を失うことにつながるからです。

本章では、介護に対する安全管理を考えるに当たって、高齢者が快適な老後を過ごすために必要となる介護サービスを受ける利益を確保しつつ、契約の視点に立った安全管理と、過失責任を原則とする損害賠償法だけでは、過失の有無を判断できない範疇《はんちゅう》の安全管理を検討してみました。

2 安全管理検討の際の重要事項

安全管理を考える際に重要なことは、第一に、「介護サービス提供」の前提となる介護サービス契約は消費者契約であり、介護事故に対する安全管理も消費者契約の視点から検討しなければならない点です。

第二に、「介護事故」のなかには市民法で規律される分野と社会法で規律される分野とがあり、市民法を基準にすると介護事故の過失の有無では、割り切ることができない範囲があり、過失責任を問うことができない賠償が認められているという点です。

3 介護サービス契約に求められるもの

介護サービス契約は消費者契約ですが、介護事業者と高齢者(利用者)側との間には情報と交渉力に明確な格差が存在しています。市民法における契約当事者は理性ある対等な市民を前提としており、立場の互換性がありました。しかし介護サービス契約締結場面では、介護に関する情報は介護事業者側に一方的に偏在し、高齢者側にはその情報は与えられていないに等しい状況です。

また、介護事業者側が高齢者側に介護を与えるだけであり、高齢者側はそれを受け取るだけで、双方の立場に互換性は存在しません。しかしながら2000(平成12)年4月、高齢者への介護は措置《そち》から契約へと転換し、介護サービス契約は消費者契約であるという性格を有するようになりました。それゆえ事業者側には、介護サービス契約時には高齢者側が理解可能な説明を十分にすることが必要であり、加えて介護サービス提供の際にはその時々に応じた状況報告と相談等が必要となります。つまり、事業者側は説明責任を果たさなければならないのです。

図表1-1●介護サービス契約

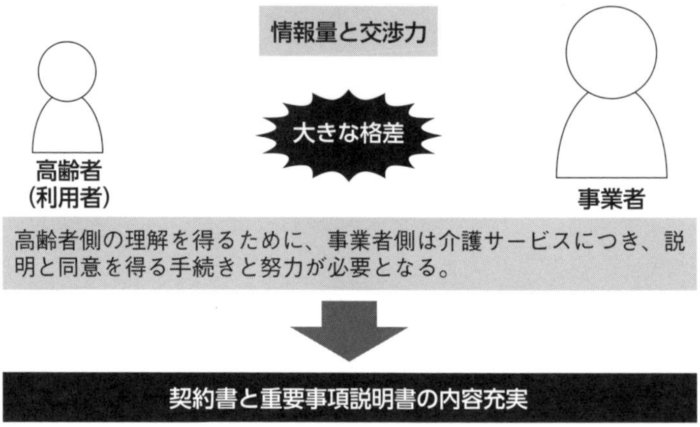
情報量と交渉力
大きな格差
高齢者
(利用者)
事業者
高齢者側の理解を得るために、事業者側は介護サービスにつき、説明と同意を得る手続きと努力が必要となる。
契約書と重要事項説明書の内容充実

著者作成

2 介護事故の法的規律

1 介護事故の法的規律について

「介護事故」は、今まで市民法による「いかに損害を公平に負担させるか」という契約責任と不法行為責任の分野で検討されてきました。しかし、その分水嶺《ぶんすいれい》である過失の有無による損害分担には、区別できない範囲があるといわざるを得ません。

確かに市民法によれば、介護事故が発生した場合、介護事業者側に過失があれば高齢者側に対し損害賠償責任を負うことになり、他方で介護事業者側に過失がなければ損害賠償責任は負わなくてもよいはずです。しかし、高齢者介護は主として介護保険に基づく介護を前提とします。例えば指定居宅サービス事業者から介護サービスを受けた場合、いったん同事業者に対して費用を全額自己負担した後に、市町村から費用の9割相当額の還付を受けます。また、介護保険内のサービスを受けていて例外的に別途保険外サービスを受けたいという場合も、その両方の費用をまずは高齢者が支払い、保険内サービスの分だけ保険から還付を受けます。しかし実際は、ケアマネジャーにケアプラン作成を依頼することをあらかじめ市町村に届け出ておくことで、高齢者は費用を全額支払う必要はなく、1割の自己負担額を支払えば給付が受けられることになります(「法定代理受領サービス」という)。

つまり、高齢者側が介護事業者側に対し対等当事者として介護サービスの対価を支払うのは例外的場合であり、通常は介護保険に基づく介護サービスを受けることになるのです。

2 市民法的規律と社会法的規律

ここにおいて、介護には、市民法による事業者と利用者という関係だけでなく、社会法による国家の積極的関与が生じているのです。常に国家という主体が存在し、そこに市民法的な自由な取引ではない社会法的な制約が介護サービス契約を取り巻いています。すなわち、介護行為は社会法による制約を受けた介護サービス契約に基づいています。その結果､介護事業者側に明らかな過失が認められない場合にも、損害賠償の分担が認められるケースが起こり得るのです。

また、介護サービスの提供という面から見ても、介護者は、24時間片時も目を離すことなく高齢者を見守ることはできません。転倒事故が発生した場合でも、介護事業者側に明らかな過失を認めることができない状況があります。大半が高齢者側に起因する事由であったとしても、相応の損害賠償額が認められます。それが市民法的規律だけでない社会法的規律による分担です。この分担に応ずる反面、事業者は介護事業における契約上の代金を、いわば国家の担保のもとに回収することができるためと考えることができます。

3 求められる社会法的規律への対応

そうすると、介護事業者側は、介護事故に対する明らかな過失が認められない場合であっても、社会法的観点から高齢者側に一定の損害賠償を負担しなければならないのであって、そのための対応策を準備することが求められます。

つまり、介護事故に対する安全管理のためには、事業者は過失のある介護事故に備えて損害賠償保険に加入するだけではなく、過失の有無にかかわらず介護事故に応じた定額保険への加入をしておくべきなのです。

介護に対する安全管理は、介護事故への予見可能性がある場合に、その結果回避義務を果たすことで「明らかな過失はない」とされても、それだけでは損害賠償責任を負わないことにはならないのです。

4 介護従事者の専門性

ところで、介護は高度な知識・技術を有する介護従事者だけが担っていればよいのでしょうか？　近年の介護離職者が増加している状況を見ると、外国人労働者であっても介護労働に従事可能とすべき状況となっています。改正介護保険法（2012〔平成24〕年施行）では介護職員等による痰《たん》の吸引等の実施ができるようになりました。専門的知識と技術を要するものの、あくまで医師の指示の下で行われるに過ぎません。にもかかわらず専門的かつ高度な注意義務を求めると、介護職員を萎縮させることにつながってしまう可能性もあります。

介護従事者が損害賠償責任を負担するのは、具体的な介護サービスの水準から判断される明らかな過失がある場合に限ると考えるべきで、介護従事者に一定の「専門性」を求めるゆえに、過重な注意義務を負わせれば、介護サービス提供に支障が出るといったマイナス面が大きくなります。「専門性」については、例えば介護福祉士について見た場合、むしろ一般人と異なる「専門的見地」といえるものがどの程度存在するかを検証するべきでしょう。

5 損害賠償責任の判例

介護事故で損害賠償責任が認められる場合は、①当該介護職員の注意義務が十分果たされていたかどうか、②施設全体としての人員不足や過剰労働の問題、③設備や建物仕様（例えば4cmの段差）の問題、などが検討されます。それゆえ介護事故に関する判断は「明らかな過失」が認められるか否かという注意義務が問われるだけではなく、社会法的観点からの対応（保険等）が事業者側に求められることになります。

本書では、「介護事故」に対する判例を、①請求認容事例、②一部認容事例、③請求棄却事例の３パターンに分類し掲載しました。①は、介護事業者側に明らかな過失が認められた事例です。これに対して③は、事業者側に過失がないとされた事例です。②は、高齢者側に起因する責任が存し、事業者側のみを責められない事例です。

判決では①、②とも事業者側に損害負担を負ってもらうために過失を認定しています。しかし、②の事例では社会法的観点から事業者側に相当額の賠償金を負担させたに過ぎず、損害賠償額も相当低い金額に留まっています。

安全管理に対するコストの点から、防止可能な事故類型に対する注意義務違反があれば、過失を認定すべきでしょう。一方で、不可避的な事故類型に関しては、安全のために過大なコストをかけたとしても事故発生確率はその努力に見合うことはありません。それゆえ、不可避的な事故類型の場合には、過失の有無という市民法的観点からの判断ではなく、社会法的観点を加味した判断をすべきです。高齢者にとっ

図表1-2●介護事故とその責任

	①請求認容事例（市民法）	②請求一部認容事例（社会法的観点）	③請求棄却事例（市民法）
事実	契約違反 明らかな過失	制約ある中の問題	過失なし
手続	請求認容（判決） 過失あり	判決：一部請求認容 過失相殺・本人起因 和解：互譲	請求棄却 過失なし
損害賠償額	数千万円	数百万円	0円
	損害賠償保険	定額保険	本人の保険

著者作成

ては、不可避的な事故を甘受することがあったとしても、積極的な介護サービスの提供を受けたほうが、より快適に老いることができるからです。

3 認知症高齢者の介護における事故防止について

1 家族・介護従事者が踏まえておきたいこと

介護事故に関する問題を考えるに当たっては、高齢者の尊厳を守ることが重要であり、特に認知症高齢者本人の心を理解することがその前提となります。介護に当たる家族や介護関係者は、高齢者からの次の歌詞に託されたメッセージを受け取ってほしいと思います。

年老いた親から、自分の子供へ向けたメッセージで、2009（平成21）年度の日本レコード大賞優秀作品賞を受賞している歌です。

手紙～親愛なる子供たちへ～

原作詞／不詳、訳詞／角智織、補足詞／樋口了一

年老いた私が　ある日　今までの私と　違っていたとしても
どうかそのまま私のことを理解して欲しい
私が服の上に食べ物をこぼしても　靴ひもを結び忘れても
あなたに色んなことを教えたように見守って欲しい

あなたと話す時　同じ話を何度も何度も繰り返しても
その結末をどうかさえぎらずにうなずいて欲しい
あなたにせがまれて繰り返し読んだ絵本のあたたかな結末は
いつも同じでも私の心を平和にしてくれた

悲しいことではないんだ　消え去ってゆくように見える私の心へ
と励ましのまなざしを向けて欲しい

楽しいひとときに　私が思わず下着を濡らしてしまったり
お風呂に入るのをいやがるときには思い出して欲しい
あなたを追い回し　何度も着替えさせたり　様々な理由をつけて
いやがるあなたとお風呂に入った　懐かしい日のことを

悲しいことではないんだ　旅立ちの前の準備をしている私に
祝福の祈りを捧げて欲しい

いずれ歯も弱り　飲み込むことさえ出来なくなるかも知れない
足も衰えて立ち上がることすら出来なくなったなら
あなたが　か弱い足で立ち上がろうと私に助けを求めたように
よろめく私に　どうかあなたの手を握らせて欲しい

私の姿を見て悲しんだり　自分が無力だと思わないで欲しい
あなたを抱きしめる力がないのを知るのはつらいことだけど
私を理解して支えてくれる心だけを持っていて欲しい

きっとそれだけでそれだけで　私には勇気がわいてくるのです
あなたの人生の始まりに私がしっかりと付き添ったように
私の人生の終わりに少しだけ付き添って欲しい

あなたが生まれてくれたことで私が受けた多くの喜びと
あなたに対する変わらぬ愛を持って笑顔で答えたい

私の子供たちへ
愛する子供たちへ

問題 1　次の空欄に同一の語句を入れなさい。

介護サービス契約締結においては、介護事業者と高齢者(利用者)側との間には(　　)と交渉力に明確な格差が現存する。介護に関する(　　)は介護事業者側に一方的に偏在し、高齢者側にはその(　　)は与えられていない。

解答 1

情報

解説 1

介護事業者と高齢者(利用者)側との間には、情報と交渉力に明確な格差が存在しています。介護サービス契約締結においては、介護に関する情報は介護事業者側に一方的に偏在し、高齢者側にはその情報は与えられていないに等しい状況といえます。

事業者は、サービス契約時には高齢者側が理解可能な説明を十分することが必要であり、サービス提供時にはその時々に応じた状況報告と相談等が必要となります。

第2章

介護事故と介護保険

1 介護事故とは①～当事者

2 介護事故とは②～契約の問題

3 介護事故とは③～場所

4 介護事故とは④～課題

1 介護事故とは①～当事者

1 介護事故の原因と課題

介護事故とは、広義には介護サービスの提供過程において、利用者(高齢者・障害者等)に対し何らかの不利益な結果を与えた場合、またはその危険のあった場合をいいますが、本章では「要介護高齢者に人身損害が生じ、介護サービスの事業者ないし従事者が事故の責任を問われている場合」と狭義に捉えます。例えば転倒・転落事故や、誤《ご》嚥《えん》による肺炎等が死亡という結果をもたらすことなどです。

介護事故の原因には、介護者や高齢者側の人的要因、施設や介護用具等のハード要因、マニュアル等のソフト要因が複合的に関係しています。介護事故に関心が集まってきたのは介護保険施行後、利用者やその家族の権利意識が高まっていることにより、介護事業者側に損害賠償請求訴訟が提起されるケースが増加してきているからです。

そこで、介護事故に対する安全管理が介護経営の観点から重要課題となってきています。介護事故に対する安全管理は、介護事故を予防し、介護事故による被害の拡大を防ぐ取り組みです。介護事故のリスクを認識把握し、そのリスクを確認分析したうえで処理し、またその結果を検証していく必要があります。

本章ではまず、介護に関わる当事者、介護サービス契約の問題、介護場所、介護の課題について概観していきます。

2 当事者
a.利用者側

2000（平成12）年以前、高齢者の福祉サービスの利用は権利ではなく、行政処分の反射的利益を受ける措置《そち》でしかありませんでした。しかし次第に、いわゆる「社会的入院（治療ではなく介護を目的とした、医療機関への長期入院）」問題や家族介護の限界、老人福祉法に基づく「措置」による福祉サービス提供の限界が明らかになってきたのです。やがて高齢者の介護を社会全体で支える「介護の社会化」を進める必要が生じました。そして2000（平成12）年4月、それまでの福祉サービスの延長ではなく、新しい介護保険制度の運用が始まったのです。

介護保険の目的は、高齢者が尊厳を維持し、その有する能力に応じ自立した日常生活を営むことができるようにすることです（介護保険法第1条）。

人は、加齢による心身の変化に起因する疾病等によって要介護状態となり、食事、入浴、排泄等の介護、機能訓練、看護、療養上の管理等の医療を要するようになります。しかし、高齢者の多くは要介護状態となっても地域でできるだけ自立した生活を送りたいと考えています。介護保険制度は、高齢者がその心身の状況や生活環境に応じて介護サービスを自ら選んで受けることができることを目的としたものです。

介護保険では、介護を利用する側の対象について、以下のように定義しています。

①高齢者本人

介護サービス契約当事者となります。

②家族

介護サービス契約の保証人等の役割を負担させられます。また、介護の継続中に家族会議で事業者からの報告・説明を受けます。

③後見人等

高齢者は、判断能力が低下した場合には介護サービス契約を締結することが困難となります。これらの法律行為を家庭裁判所が選任する成年後見人が代理することで、要介護認定の申請や介護サービス契約の締結、履行過程における援助をします。

3 当事者
b.事業者側

家族介護から介護の社会化へと変化したことにより、高齢者の介護に携わる新たな介護職が登場しました。それまでは医師や看護師、ホームヘルパーなどが看護や介護に携わっていましたが、介護の専門職が生まれたのです。介護保険制度においては、介護専門職は次のように定義されています。

①介護福祉士

介護を必要とする高齢者や障害者などに対して、専門的知識と技術を用いて介護を行う人です（社会福祉法及び介護福祉法第2条第2項）。「入浴、排泄、食事その他の介護」だけでなく「心身の状況に応じた介護」が求められます。

介護福祉士でない者は介護福祉士という名称を使用することができず（同法第48条第2項）、これに違反すると30万円以下の罰金に処せられます（同法第53条）。この名称独占が認められる一方で、介護福祉士の信用失墜《しっつい》行為が禁止され（同法第45条）、業務に関して知り得た秘密を保持する義務があり（同法第46条）、医療との連携を保つことが求められます（同法第47条第2項）。

②養成研修修了者（ヘルパー）

利用者の居宅（サービス付き高齢者向け住宅等を含む）を訪問し、そこで介護サービスを提供することを業とする者です。

③介護支援専門員(ケアマネジャー)

要介護者または要支援者からの相談に応じ、要介護者等がその心身の状況に応じ、適切な居宅サービスまたは施設サービス等各種介護サービスを利用できるよう、市町村や居宅介護サービス事業者・介護保険施設等との連絡調整等を行う者です(介護保険法第7条第5項)。

④介護職員の注意義務

介護事故が発生した場合は、現場の介護職員に過失があったことに基づき事業者である介護施設側が損害賠償責任を負います。したがって実際の介護に当たった介護職員の注意義務の判断を基礎にすることになるわけですが、介護職員においては介護福祉士以外は国家資格ではなく、業務遂行に当たっては有資格者であることが必須とされていません。

過失を防ぐことは重要ですが、多様な人材が介護に携わらなくてはいけない状況において、安全配慮義務等の水準が高度化されると、現実の介護現場における介護水準との大きな乖離《かいり》を招くおそれがあります。他方で、介護職員には介護の専門職として高度な注意義務が課せられるのであり、資格の有無や介護職としての経験の長短などは基本的に問題とされず、介護職員である以上は、一様に高度な注意義務が求められるとする見解もあります[1)]。

しかし、介護行為においては抽象的かつ高度な注意義務ではなく、介護保険法および関連法に認められた具体的注意義務に応じた水準により「明らかな過失」の有無が判断されるべきではないでしょうか。

1):高野範城、青木佳史編『介護事故とリスクマネジメント』あけび書房、2004年

2 介護事故とは②～契約の問題

1 契約時

介護保険法施行後は、要介護・要支援認定を受けた高齢者は、介護サービス提供事業者と契約を締結することでサービスを利用できるようになりました。しかし、事業者と高齢者側とでは情報と交渉力に厳然とした格差があり、利用者である高齢者と介護サービスを提供する事業者との契約締結の際には、消費者契約法が前提とされることになったのです。

これを受け、介護保険法では事業者の運営に関する基準の中に利用者に対する文書の交付に基づく説明と同意に関する規定がなされました。文書の記載事項には、明確でわかりやすい内容が記載されなければなりません。介護サービス契約締結時に、事業者側からの十分な説明と高齢者側の理解がなされることで、互いの信頼と協力関係が得られることになります。

2 事故時

介護事故が発生した際は、緊急になすべき手当や初期の事故対応を誤ることで紛争化してしまうことを避けなければなりません。また、高齢者本人、その家族や後見人への事故報告、経過説明、責任の所在など迅速・的確な対応が必要となります。

3 検証時

事故対応ができた場合、また対応に不備があった場合も、検証し記録に残すことで、安全管理対策となります。

3 介護事故とは③～場所

1 高齢者の生活場所

高齢者は、たとえ介護が必要になっても、それまで築いてきた人間関係を基盤に住み慣れた地域での生活の継続を求めています。この実現に関しては、①既存の住宅で、安心して生活できる居住環境を提供する、②介護施設への入所が必要という段階には至らない高齢者に、必要なサービス付き住宅で介護サービスを提供する、③特別養護老人ホーム等の介護保険施設に入所する、などのケースがあります。

生活場所ごとに、介護における安全管理対策が求められているので、説明していきます。

2 既存の住宅

高齢者が、医療や介護などの外部サービスを受けながら、住み慣れた自宅での生活を継続できる環境が整備されなければなりません。

3 住宅系

国土交通省が所管する高齢者住まい法によって根拠づけられる「サービス付き高齢者向け住宅」などがこれに当たります。サービス付き高齢者向け住宅は2012（平成24）年に創設され、バリアフリー構造等を有し、少なくとも安否確認・生活相談サービスが提供される賃貸住宅です。

4 施設系

①特別養護老人ホーム

身体上または精神上著しい障害があるために常時の介護を必要とし、かつ居宅においても常時の介護を受けることが困難な高齢者に対して、生活支援サービス・介護サービスを提供する、老人福祉法・介護保険法上の施設です。

②介護老人保健施設

在宅復帰を目指して、医師による医学的管理の下、看護や介護、機能訓練、日常生活上の世話を行うことを目的とした、介護保険法上の施設です。

これら施設における介護事故には次のようなものがあります。

図表2-1●施設種別の事故類型

施設種別	1	2	3
特別養護老人ホーム	転倒 198件(50.0%)	誤嚥 37件(9.3%)	転落 37件(9.3%)
身体障害者療護施設	転倒 225件(40.3%)	転落 62件(11.1%)	打ち付け 62件(11.1%)
知的障害者更生施設(入所)	転倒 86件(34.8%)	利用者の行為 59件(23.9%)	転落 16件(6.5%)
保育所	転倒 36件(30.0%)	打ち付け 36件(30.0%)	転落 27件(22.5%)
重症心身障害児施設	転倒 34件(24.8%)	転落 17件(12.4%)	利用者の行為 19件(13.9%)

出所：厚生労働省・援護局福祉基盤課「福祉サービスにおける危機管理(リスクマネジメント)に関する取り組み指針～利用者の笑顔と満足を求めて～」(平成14年3月28日)

図表2-2●事故発生の業務場面

施設種別	1	2	3
特別養護老人ホーム	歩行・移動中 118件（29.8%）	食事中 43件（10.9%）	入浴時 42件（10.6%）
身体障害者療護施設	歩行・移動中 135件（24.2%）	入浴時 74件（13.3%）	移乗時 59件（10.6%）
知的障害者更生施設（入所）	歩行・移動中 74件（30.0%）	食事中 18件（7.3%）	入浴時 16件（6.5%）
保育所	自由時間・遊び中 64件（53.3%）	（歩行・移動中） 6件（5.0%）	（レク中） 6件（5.0%）
重症心身障害児施設	歩行・移動中 23件（16.8%）	入浴時 13件（9.5%）	食事中 12件（8.8%）

出所：厚生労働省・援護局福祉基盤課「福祉サービスにおける危機管理（リスクマネジメント）に関する取り組み指針～利用者の笑顔と満足を求めて～」（平成14年3月28日）

4 介護事故とは④～課題

1 外国人介護職員に求められる注意義務

近年の人手不足に悩む介護の現場で、介護福祉士を目指す外国人の挑戦が続いています。インドネシアなどから来日し日本の施設で3年間働いた95人が、2012(平成24)年1月に初めて国家試験を受けました。

介護福祉士の試験は、日本人でも合格率が5割ほどの難関試験です。外国人が不合格の場合は、介護職員として働きながら再受験を認める特例があります。しかし、このような介護職員にも、介護を受ける高齢者に対する一定の介護水準を確保すべく、介護行為に応じた具体的な注意義務が求められるべきでしょう。

2 消費者契約を考えたときの課題

介護現場に働く人々や利用者である高齢者の家族の心理は、介護が契約であることの意味とはかけ離れた状況に置かれています。すなわち、介護は与えられるものではなく自ら契約してその履行を求めるものとなったにもかかわらず、介護現場は従前の福祉状況にとらわれ、その福祉の痕跡を引きずっている、ということです。

例えば介護認定のための訪問審査の例を見てみます。高齢者が介護認定を受けるに当たっては、市町村の地域包括支援センター職員が高齢者宅を訪ねて審査をしますが、当該高齢者やその家族は介護という恩恵を受けることを潔《いさぎよ》しとしません。そのため日常の自分を見せず、よそ行きの面を見せてしまいます。その結果、当該高齢者の本来の介護認定等級を受けることができない場合があります。

介護現場においても、当該高齢者に付き添う介護士でさえ、市町村からの判定員に対し当該高齢者の日常を表明することができないのです。著者が、当該高齢者の成年後見人として介護認定審査に立会いをし、判定員の意見に対して当該高齢者の本来の姿について口出しして初めて、介護職員も「自ら意見表明してよい場面なのだ」と気づき、状況説明をすることができたのです。なるほど、介護現場という自分のフィールドにあってさえ“お上《かみ》の判定”に口を挟むことを差し控えさせられている現状がそこにありました。介護保険が介護現場に入り込んでからすでに10年以上が経過していますが、介護現場にいる高齢者や家族、そして介護士にさえ、いまだ措置という福祉の幻影が色濃く残されているのです。

これからの介護現場では、本来あるべき介護サービス契約の下に介護が履行されなければならないのです。それは、介護サービス契約に当たって契約当事者である高齢者・家族と事業者が、その契約内容を理解し、契約上の限界を確認し合うことが最も必要です。例えば、高齢者の介護に当たり身体拘束《こうそく》等を用いることなく介護するには、介護者が当該高齢者を常時見守ることができないために当該高齢者の転倒の危険性が増すことになります。これは高齢者の自立と自由を確保することとの表裏関係です。介護者側に専門家としての介護義務があるとしても、それは医療関係者の専門家義務とは異なり、誰もが行ってきた消極的な見守り負担を果たすことを主とする介護サービス契約なのです。介護者は介護サービス契約に当たり、その内容をきちんと説明し高齢者側の理解を得ることが必要となるのです。

月ごとに行う家族会議等の機会にも、経過報告という説明を充実すべきです。介護事故が生じた場合には、時宜を失することなくその報告と説明をしなければなりません。介護行為の裏腹にある介護事故の安全管理にもっとも重要な課題は、利用者と事業者との間に信頼・協力関係が築かれていることなのです。

問題1 次の空欄①～③に適語を入れなさい。

介護保険法(目的)第1条

この法律は、加齢に伴って生ずる心身の変化に起因する疾病等により(①)状態となり、入浴、排せつ、食事等の介護、機能訓練並びに看護及び療養上の管理その他の医療を要する者等について、これらの者が(②)を保持し、その有する能力に応じ(③)した日常生活を営むことができるよう、必要な保健医療サービス及び福祉サービスに係る給付を行うため、国民の共同連帯の理念に基づき介護保険制度を設け、その行う保険給付等に関して必要な事項を定め、もって国民の保健医療の向上及び福祉の増進を図ることを目的とする。

問題2 次の空欄①、②に適語を入れなさい。

医師や看護師などには(①)が認められています。介護福祉士には(①)は認められていませんが、(②)は認められています。専門的な知識や技術を習得した者にのみ(②)させることにより、その社会的信用を確保、維持することが目的です。

解答1　①：要介護　②：尊厳　③：自立

解説1

介護保険の目的は、高齢者が尊厳を維持し、その有する能力に応じ自立した日常生活を営むことができるようにすることです(介護保険法第1条)。
高齢者の多くは、要介護状態となっても地域でできるだけ自立した生活を送りたいと考えています。介護保険制度は、高齢者がその心身の状況や生活環境に応じて介護サービスを自ら選んで受けることができることを目的としたものです。

解答2　①：業務独占　②：名称独占

解説2

「業務独占」は、国家資格において医師や看護師など、その資格を持っている者しか行えないことをいいます。これに対し、介護福祉士は「名称独占」です。介護福祉士でない者は介護福祉士という名称を使用することができず(同法第48条第2項)、これに違反すると30万円以下の罰金に処せられます(同法第53条)。この「名称独占」が認められる一方で、介護福祉士の信用失墜行為が禁止され(同法第45条)、その業務に関して知り得た秘密を保持する義務があり(同法第46条)、医療との連携を保つことが求められます(同法第47条第2項)。

第3章

介護保険制度による枠組み

1 介護保険制度の概要

1 介護保険制度の概要

介護保険制度により、介護サービスの標準化が図られ、介護行為に対する注意義務もまた標準化されることになります。本章では介護保険に対する理解を得るため、ポイントをピックアップし、その要点を記述します。

1 介護サービス利用者の増加

(1) 介護保険制度の創設

介護保険制度は、「たとえ介護が必要になっても、住み慣れた地域や住居で、自らの能力を最大限発揮して、尊厳ある自立した生活を送りたい」という高齢者のニーズに応える制度として2000(平成12)年に施行されました。

(2) 介護サービス利用者数

介護保険制度開始時の介護サービスを受ける高齢者の数は約149万人でしたが、2011(平成23)年1月には約402万人となり、約2.7倍に増加しました。施設数は、2009(平成21)年には5,876施設となっています。

高齢者人口は2015(平成27)年には3,000万人を超え、高齢化率についても2013(平成25)年には25.2%になると推計されています。

2 介護保険制度の特徴

(1) 介護保険の理念

①普遍主義

介護保険は介護を必要とする高齢者(利用者)すべてに社会サービスを提供しようとする制度です。サービス利用者について、所得や扶養関係、社会環境による選別は行いません。サービスの内容と量については高齢者本人が決定します。費用負担は一律1割の利用料を徴収し、所得で選別しません。

負担困難者については、介護扶助という別の制度に委ねています。これは高齢者介護のメインシステムである介護保険を、社会扶助や社会福祉というサブシステムが補完していることになります。

②自立支援

介護保険は、あくまで本人の自己決定が尊重され、その決定が心身の障害で実現困難である場合は、それに対し社会的支援を行って実現していくものです。

③共助思想

介護保険では、要支援・要介護と認定されれば、すべての高齢者は介護サービスを利用できます。制度施行により、介護サービスは従来の行政による扶助すなわち「公助」から、市民が費用負担し市民がサービスを受け取る「共助」のシステムに転換したのです。

(2) 介護サービス

①市場の開放

介護保険制度では、在宅介護分野においては営利企業やNPOも、一定の基準を満たせば事業者となることができます。有料老人ホームやグループホーム等の施設系サービスも在宅サービスと位置付け、介護保険給付の対象とされました。施設サービスへの民間参入への道が開かれたわけですが、このことにより市場競争が起こり、介護サービスの質と量を飛躍的に向上させることになりました。

②標準化

介護保険制度は、ニーズ判定、サービス内容、サービス価格、サービス管理等のあらゆる面で、標準化が行われています。

認定に当たっては、訪問調査の結果をコンピュータ処理し、非該当から要支援1～要介護5の8ランクに区分する第一次判定を行い、これに訪問調査員の特記事項の記述、医師の意見書を加えて、6名程度の保険・医療・福祉の専門家の合議で最終的なランクを決定します。こうした仕組みにより、ニーズ判定つまりケア必要量の標準化が追求されます。

さらにサービスの提供に当たっては、アセスメント→ケアプラン作成→カンファレンス（サービス担当者会議）→利用者への説明・同意→サービスの斡旋・調達→サービス提供→モニタリング→事後評価→ケアプラン再作成、と循環する流れになっています。

（3）社会保険であること

介護保険は、主に65歳以上の高齢者を対象とした社会保険です。また、介護保険制度は現行の医療保険制度とは異なった性格の制度です。異なっている点の第一に挙げられるのは、医療保険制度は原則的に「出来高払い方式」であり、保険内であれば医師の判断で無制限に医療を投入できますが、介護保険制度は要支援・要介護度ランク別に給付の上限を設定していることです。第二に挙げられるのは、医療保険制度では「混合診察」が認められていないのに対して、介護保険は給付上限設定方式であるがゆえに、「混合介護」すなわち保険給付サービスと自己負担による上積みサービスの併用が可能となっていることです。第三には、介護保険制度にあっては利用料として1割の自己負担を求められていることが挙げられます。

3 法律の一部改正 ～喀痰《かくたん》吸引等の実施と市民後見

(1) 概要

介護福祉士等による喀痰吸引等の実施等の措置を講ずることを目的に、「介護サービスの基盤強化のための介護保険法等の一部改正する法律」が公布され、介護保険法とともに老人福祉法、社会福祉士及び介護福祉士法等の改正が行われ、2012(平成24)年4月1日に施行されました。介護サービスの主要当事者である介護福祉士の業務が改正法で明示され、介護(喀痰吸引行為等)に関わる注意義務がより明確になりました。このことについて説明していきます。

(2) 改正の内容

①介護福祉士法の改正

1) 喀痰吸引等の実施に関する現状

介護職員等による痰の吸引等の取り扱いについては、介護現場におけるニーズ等も踏まえ、当面のやむを得ない措置として、在宅における筋萎縮性側索硬化症《きんいしゅくせいそくさくこうか》(ALS)患者およびそれ以外の療養患者・障害者に対する痰の吸引、特別支援学校における教員による痰の吸引等、特別養護老人ホームにおける痰の吸引等については、実質的に違法性が阻却されるとの解釈によって一定の条件下で容認されてきました。

2) 介護福祉士等による喀痰吸引等の実施

介護福祉士は、「喀痰吸引その他の身体上または精神上の障害があることにより日常生活を営むのに支障がある者が日常生活を営むのに必要な行為であって、医師の指示の下に行われる喀痰吸引等を行うことを業とする者」となりました。なお、喀痰吸引等業務を行う場合は、その事業所ごとに、所在地を管轄する都道府県知事の登録を受けなければなりません(社会福祉士及び介護福祉士法第48条の2、第48条の3関係)。

②市民後見人

今後、親族等による成年後見の困難な者の増加が見込まれます。介護サービス利用契約の支援などを中心に成年後見の担い手として市民の役割が強まると考えられることから、市町村は市民後見人を育成し、その活用を図ることなどによって権利擁護を推進することとされました（老人福祉法第32条の2）。

このことにより施設側は、家族と同様に高齢者の後見人に対する介護サービスの説明が必要となります。

● 参考文献
池田省三『介護保険論　福祉の解体と再生』中央法規出版

問題1 介護保険の内容について、間違っているものを1つ選びなさい。

①介護保険制度は2000（平成12）年に施行された。

②介護サービス利用者について、所得や扶養関係、社会環境による選別は行わない。

③要介護と認定された場合のみ、介護サービスを利用できる。

④介護保険では、「混合介護」すなわち保険給付サービスと自己負担による上積みサービスの併用が可能である。

問題2 次の空欄①、②に適語を入れなさい。

社会福祉士及び介護福祉士法第２条第２項

この法律において「介護福祉士」とは、第42条第１項の登録を受け、介護福祉士の名称を用いて、専門的知識及び技術をもって、身体上又は精神上の障害があることにより日常生活を営むのに支障がある者につき心身の状況に応じた介護（（　①　）その他のその者が日常生活を営むのに必要な行為であって、（　②　）の指示の下に行われるものを含む。）を行い、並びにその者及びその介護者に対して介護に関する指導を行うことを業とする者をいう。

解答 1 ③

解説 1

①○：介護保険制度は「たとえ介護が必要になっても住み慣れた地域や住居で、自らの能力を最大限発揮して、尊厳ある自立した生活を送りたい」という高齢者のニーズに応える制度として2000（平成12）年に施行されました。

②○：介護保険は介護を必要とする高齢者（利用者）すべてに社会サービスを提供する制度です。サービス利用者について、所得や扶養関係、社会環境による選別は行いません。

③×：介護保険では、「要支援」「要介護」と認定されれば、すべての高齢者は介護サービスを利用できます。

④○：医療保険制度では「混合診療」が認められていないのに対して、介護保険は給付上限設定方式であるがゆえに「混合介護」すなわち保険給付サービスと自己負担による上積みサービスの併用が可能となっています。

解答 2 **①：喀痰吸引　②：医師**

解説 2

介護福祉士等による喀痰吸引等の実施等の措置を講ずることを目的に、「介護サービスの基盤強化のための介護保険法等の一部改正する法律」が公布され、介護保険法とともに老人福祉法、社会福祉士及び介護福祉士法等の改正が行われ、2012（平成24）年4月1日に施行されました。

第4章

介護事故の判例①
誤嚥事故

※本章では、判決当時に使用した痴呆などの表現をそのまま掲載しています。

1 認容事例①
昼食時のこんにゃく等による死亡事故

特別養護老人ホームの短期入所生活介護（ショートステイ）利用中における、昼食時のこんにゃく・はんぺんの誤嚥《ごえん》による死亡事例（名古屋地裁／2004〔平成16〕年7月30日判決）

（1）事案

原告3名は、被告に対して不法行為（民法715条）または債務不履行《さいむふりこう》に基づき逸失利益614万7,460円、慰謝料2,400万円、弁護士費用300万円、葬儀費用106万4,700円、計3,421万2,160円を請求したのに対し、裁判所は精神的慰謝料等2,426万4,700円を認容した。

（2）当事者

①利用者：A

事故当時75歳、男性。歩行はできず、介助により車椅子を利用。食事、排泄、衣類の着脱、寝返り、起き上がり、座位保持にも介助を要する状態。義歯を装着しており、嚥下《えんげ》能力が低下していた。また軽度の痴呆《ちほう》であった。

②原告：Aの妻と子2人

③被告：特別養護老人ホームを設置運営する社会福祉法人

（3）事実関係

①事実経過

・2000（平成12）年7月21日、Aと被告は短期入所生活介護（ショートステイ）において利用契約を締結。Aは同日～同月23日まで、被告施設のショートステイを初めて利用。

・Aはその後、2001（平成13）年5月14日～21日まで、さらに同年9月～11月は月に1回の割合でショートステイを利用。

・同年12月14日からも、同月18日までの予定でショートステイを利用。その期間中である同月16日、本件事故が発生。

②事故状況

・2001（平成13）年12月16日、午後0時30分から昼食開始。当日は施設で忘年会が開催されていたため、昼食には寿司やおでんが提供された。

・Aの食事介助を担当していた職員は、スプーンで食物を小分けし、Aに「次何食べますか？」などと声かけをし、Aが口を開けるのを待って食べさせていた。

・同職員はAに、こんにゃく2片（底辺約3.6cm・上辺約2cm×高さ約3cmの台形のものと、底辺約2cm×高さ約4.5cmの直角三角形のもの）を食べさせ、次いではんぺん1片（約4.8cm×約3cmの四角形のもの）を食べさせた。その後いったん他の入所者に目を向け、再びAに目を戻すと、Aが苦しそうな表情で「うー」という声を発していた。

・同職員は、Aが喉に何か詰まらせたと判断し口の中を覗いたが、何も入っていないように見えたため、左手でAの頭を押さえて身体を前へ倒し右手で背中を叩いてタッピングをした。しかしAの状態は良くならなかった。

・同職員は、他の職員に看護職員を呼ぶよう声をかけた。駆けつけた看護職員らがAを逆さにしてタッピングをし、2cm大のはんぺん2個を出した。

・駆けつけた救急隊が、Aの喉からさらにはんぺんと1cm大のこんにゃく1個を除去。Aは心肺停止状態のまま病院に搬送されたが午後2時26分、窒息により死亡。

図表4-1●事故の状況

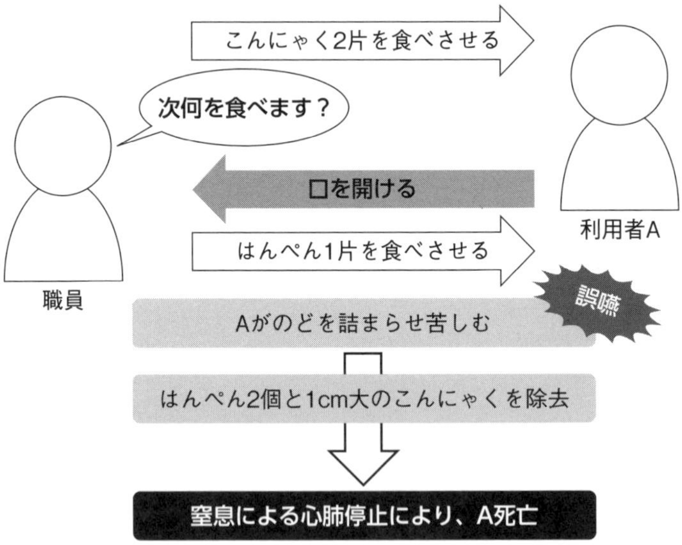
こんにゃく2片を食べさせる
次何を食べます？
口を開ける
はんぺん1片を食べさせる
利用者A
職員
誤嚥
Aがのどを詰まらせ苦しむ
はんぺん2個と1cm大のこんにゃくを除去
窒息による心肺停止により、A死亡

著者作成

(4) 過失についての判断

①前提となる事実

・Aは介助を要する当時75歳の高齢者であり、総入れ歯だったこと。

・Aの子らは被告職員に対し、Aの飲み込みが悪いことを告げており、入所時の一般状態調査票ないしショートステイ用一般状態記録にもAに嚥下障害のある旨の記載がなされていたこと。

・当日Aの食事介助を担当した職員は、Aの介助業務に先立ち短期入所生活介護ケース受付表および最新の入所時一般状態調査票ないしショートステイ用一般状態記録並びに従前の生活状況を記載した日誌等に目を通していたこと。

・こんにゃくは喉に詰まらせやすく、はんぺんとともに嚥下障害の患者や高齢者に向かない食物であると指摘されており、このことは一般に紹介されていたこと。

②過失についての判断

・裁判所は、「Aにこんにゃくやはんぺんを食べさせるに当たっては、誤嚥を生じさせないように細心の注意を払う必要があったことは明らかであり、職員はこんにゃくを食べさせた後、Aの口の中の確認およびAの嚥下動作を確認する注意義務を負っていた」として注意義務を認定し、「職員がAの口の中にこんにゃくが残っていることを見過ごして、あるいはAがこんにゃくを飲み込む前であったにもかかわらず飲み込んだかどうか（嚥下動作）を確認せずにはんぺんを食べさせたことは、注意義務違反であり不法行為上の過失に当たる」とした。

・また、「職員が『次何食べますか？』との声かけをし、Aが口を開けるのを待って食べさせていたとしても、Aは会話がやや困難で理解力および記憶力がやや低い等軽度の痴呆であったのであるから、口の中・嚥下動作を確認するという義務を果たしたことにはならない」、さらに「嚥下障害が医学的に診断されておらず、疾病としての嚥下障害と認められなくても、実際にAの嚥下能力が相当劣っていたことには変わりなく、注意義務の有無に影響を与えない」として被告の主張をいずれも退けた。

図表4-2●裁判所の判断

・聴取によるAの嚥下状況としては、「一口大を喉につまらせる」「主食は常食、時々むせる」もの（入所時一般状態調査票）。
・Aは、総入れ歯を装着していた。
・Aは、会話がやや困難で理解力及び記憶力がやや低い軽度の痴呆。
・こんにゃくは嚥下障害の患者等には向かない食品であることが指摘されている。

→ **Aにこんにゃくを食べさせた後、Aの口の中の確認および嚥下動作の確認をする注意義務。**

・職員は、中腰でややAを見下ろすような姿勢で介助。
・口の奥まで確認できていない。

→ **職員の過失あり。施設：使用者責任**

Aの嚥下状況については、医学的に診断されたものではないが、調査票等より、同程度の年齢の者との比較でも相当劣っていたのは明らかとし、判断に影響しないとしている。

著者作成

2 認容事例②
朝食時のミキサー食による死亡事故

特別養護老人ホームにおける朝食時のミキサー食の誤嚥による死亡事例（松山地裁／2008〔平成20〕年2月18日判決）

（1）事案

原告は被告に対し、不法行為または債務不履行に基づき慰謝料等2,217万1,750円を請求し、裁判所は慰謝料等1,318万6,250円を認容（火傷《やけど》についての損害を含む）した。

（2）当事者

①利用者：A

加齢、脳梗塞・脳血管障害等により食事の飲み込みが悪くなっていた。

②原告：Aの長女

③被告：特別養護老人ホームの設置者

（3）事実関係

①事実経過

・Aは2000（平成12）年に本件施設に入所。2005（平成17）年6月27日からAの食事介助が開始。

・同年7月11日には医師から嚥下障害の進行および誤嚥性肺炎の発症の可能性ありと診断された。同日以降、Aは朝昼晩の食事いずれかで必ずむせ込むようになり、その度に食事を拒否した。

・Aの状態から、同月14日以降はミキサーにかけてとろみをつけた食事が提供されるようになった。

・同月18日に本件事故が発生し、同年8月8日に死亡。

②事故状況

・2005（平成17）年7月17日、朝8時20分から朝食開始。献立は、主食のおもゆ、副食をミキサーにかけたもの、みそ汁は具をミキサーにかけ調整食品であんかけ程度のとろみをつけたもの。

・職員は、大きめのスプーンに半分くらいの量をすくい、約30度起こされたベッドで後頭部を枕につけた姿勢をとっているAの口に、1口目は副食、2口目から4口目はみそ汁を入れた。

・するとAがむせ込んだので、職員はAの身体を起こし加減にしてタッピングをしたり、口の中に指を入れたりしたが何も出てこず、次第にAの顔色が悪くなっていった。

・8時23分、准看護師の資格を持つ職員が吸引器で吸引を始めたが、Aは顔面蒼白のままで反応はなかった。

・8時33分には、Aは心肺停止状態のまま病院に搬送。

（4）過失についての判断

①前提となる事実

・厚生労働省内に設置された「福祉サービスにおける危機管理に関する検討会」が2002（平成14）年にまとめた『福祉サービスにおける危機管理（リスクマネジメント）に関する取り組み指針～利用者の笑顔と満足を求めて～』では、食事介助の留意事項として、①しっかり覚醒されていることを確認する、②頸部を前屈させ誤嚥しにくい姿勢にする、③手、口腔内を清潔にする、④一口ずつ嚥下を確かめる、⑤水分、汁物はむせやすいので少しずつ介助する、等が記載されていること。

・Aは2005（平成17）年7月11日に医師の診察を受け、医師からは加齢に伴うものまたは小さい脳梗塞、脳血管障害等によって食事の飲み込みが悪くなっており、今後も嚥下障害が進行したり、誤嚥性肺炎を発症したりする可能性があるとの説明がなされたこと。

・担当職員は、上記説明を聞いていたこと。

・Aは2005(平成17)年7月11日以降も食事の際にむせ込む状態が続いており、同月14日の夕食から、副食をミキサーにかけてとろみをつけた状態のものにする措置を取ったが、その後もむせ込む状態は続いていたこと。

②過失についての判断

・裁判所は、上記事実によれば、「担当職員には食事介助を担当する職員が、①覚醒をきちんと確認しているか、②頸部を前屈させているか、③手、口腔内を清潔にすることを行っているか、④一口ずつ嚥下を確かめているかなどの点を確認し、これらのことが実際にきちんと行われるように、介護を担当する職員を教育、指導すべき注意義務があった」とした。

・注意義務違反については、「被告は、職員に対してそのような教育・指導を特に行っていなかった。担当職員は嚥下障害のある入所者に対する食事介助についての教育・指導を体系的に受けたことはなく、少量ずつ食べてもらう、しっかり飲み込んだことを確認するという点について注意するようにと口頭で言われただけであった」と認定した。

・そして、「事故当日、担当職員がAについて朝食介助を行った際にも、①覚醒の確認、②頸部を前屈させる、③手、口腔内を清潔にする、を行っていないのであるから、被告は上記の注意義務に違反したというべきである」として、被告の過失を認定した。

3 棄却事例①
朝食時のパン粥による死亡事故

特別養護老人ホームでの朝食時のパン粥の誤嚥による死亡事例
（神戸地裁／2004〔平成16〕年4月15判決）

（1）事案

原告は被告に対し、不法行為に基づき葬儀関係費用120万円、死亡慰謝料2,500万円、弁護士費用262万円、計2,882万円を請求したが、裁判所は請求を棄却した。

（2）当事者

①利用者：A

事故当時82歳、男性。肺炎、老人性認知症、骨粗鬆症《こつそしょうしょう》、白内障、全盲で嚥下障害が低下していた。しかし、日常の飲食には特に問題はなかった。

②原告：Aの妻と子2人

③被告：特別養護老人ホームの設置運営等を行う社会福祉法人および本件事故当時、Aの食事介助をしていた職員（C）

（3）事実関係

①事実経過

Aは1999（平成11）年5月14日に本件施設に入所、2000（平成12）年3月3日本件事故が発生。

②事故状況

・2000（平成12）年3月3日、午前7時40分に朝食開始。職員Cは同テーブルでAと他の利用者であるDの食事介助を担当。その日Aはむせたり食物を口に溜め込んだりして、なかなか飲み込まないことが度々あった。Cがパン粥を一口介助したところ、Aは口に溜め込んで飲み込まなかった。Cが飲み込むよう促すとようやく飲み込んだ。

・午前8時、CはAがむせたり咳き込んだりしていないのを確認し、いったん席を離れた。午前8時5分、CはAの食事介助を再開したが、Aが口を開けようとしないのでDの介助をした。

・午前8時8分、Aが急にヒーヒーといい顔面蒼白となっていたので、CはAの背中を叩いたが変化はなく、Aを医務室に運び看護士らが吸引措置、人工呼吸等をした。

・午前8時25分に医師が到着したがAの意識は戻らず、午前8時40分、Aは死亡。

図表4-3●事故の状況

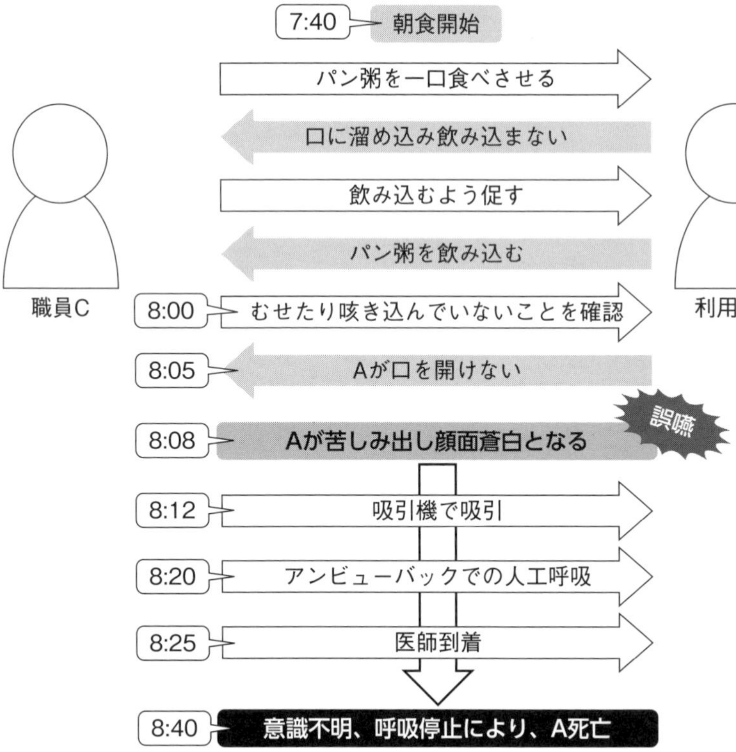
7:40
朝食開始
パン粥を一口食べさせる
口に溜め込み飲み込まない
飲み込むよう促す
パン粥を飲み込む
職員C
利用者A
8:00
むせたり咳き込んでいないことを確認
8:05
Aが口を開けない
8:08
Aが苦しみ出し顔面蒼白となる
誤嚥
8:12
吸引機で吸引
8:20
アンビューバックでの人工呼吸
8:25
医師到着
8:40
意識不明、呼吸停止により、A死亡

著者作成

(4) 過失についての判断

①前提となる事実

・誤嚥には、食塊《しょっかい》が食道へ送り込まれず気管に入ることにより生じるもの（誤嚥〔ア〕）、食塊が食道へ送り込まれた後、食道括約筋《かつやくきん》の閉鎖が不完全であることにより食塊が逆流しこれが気管に流れ込んで生じるもの（誤嚥〔イ〕）の2つがあること。

・誤嚥〔ア〕は、食塊が飲み込まれて即時に生じるのに対し、誤嚥〔イ〕は外形的には嚥下反射は良好であり、食塊が飲み込まれてから一定時間経過後に生じること。

・本件事故におけるAの誤嚥は、誤嚥〔イ〕であったこと。

・Aは、食べてむせることはあったが歯もそろっており、咀嚼《そしゃく》能力は高く、食事を全量摂取することも多く、事故以前はAに誤嚥〔イ〕の兆候があったと認めることはできないこと。

・Aが肺炎を繰り返すような状況もなかったこと。

②過失についての判断

・原告の「Cは、Aがパンやパン粥をなかなか飲み込めなかったことを認識していたのであるから、Aの誤嚥を予測して同人の様子を注意深く観察し続け、かつ不測の事態に備えて吸引機を直ちに用意すべき義務、いったん朝食を中止してその原因を調査し、口に溜め込んでいるパン粥をはき出すよう促すべき義務があった」との主張に対し、裁判所は「Cは、Aにつき誤嚥〔イ〕の兆候は認識していないのであるから、Aがパン粥を口に溜め込み、なかなか飲み込まないという事態から、誤嚥の可能性を認識することは不可能であった」として事故の予見可能性を否定した。

・さらに予見義務について、「仮に誤嚥を認識すべき義務があるとすると、食事介護中は常に肺か頸部の呼吸音を聞く必要があり（正確に聞くには熟練が必要）、また誤嚥を一番正確に評価するには嚥下造影をすることになるが、このようなことを病院でない特別養護老人ホームの職員に義務付けることは不可能を強いることとなり、このような義務を認めることはできない」としている。

・「CはAに対し、横向き嚥下、うなずき嚥下の方法で食事の介助をすべき義務、仮に食事を継続する場合には食事内容、食事性状の変更、体位変換、嚥下方法の工夫を行うべき義務」については、「いずれも誤嚥〔ア〕が生じないようにするための措置であるから、本件ではその前提を欠く」とした。

・「Aが『ヒーヒー』といい始めた後、Cはすぐに口の中に指を入れてかき回し、ハイムリッヒ法を行うべき義務」については、「Aに対して功を奏しないものであり、このような注意義務を認めることはできない」とした。

・「窒息開始後直ちに吸引措置を行うべき義務」については、「吸引の措置の有効性につき疑問であるうえ、事故経緯や食堂および医務室の位置関係からして、4～5分後に行われた吸引措置が遅きに失したとまではいえない」とした。

・「CはAの窒息開始後直ちに他の職員に応援を求めて医師の派遣を依頼し、医師による気管内挿管をしてもらうべき義務」については、「Cにおいて、Aに対する救命措置について落ち度があったと認めるに足りる具体的な事情はうかがわれない」とした。

図表4-4●裁判所の判断

誤嚥の種類
〔ア〕：食塊が食道へ送り込まれず気管に入ることにより生じるもの（即時）
〔イ〕：食塊が食道へ送り込まれた後、食道括約筋の閉鎖が不完全であることにより食塊が逆流しこれが気管に流れ込んで生じるもの（一定時間後）

・Aは歯はほとんどそろっていて、咀嚼能力は高い。
・職員は、Aに介助する前はどのような物を介助するか説明していた。
・Aは食べるとむせるという状況はあったものの波があった。食事を全量摂取することも多かった。

→ **当日、パン粥を口に溜め込み、なかなか飲み込まないとしても、誤嚥の可能性を認識することは不可能で予見可能性がない。**

救護措置についても遅きに失したまでとはいえないとして、注意義務を否定した。

著者作成

4 棄却事例②
夕食時の死亡事故

介護老人保健施設における夕食時の利用者の死亡事故につき、食物の誤嚥による窒息が原因ではなく、疾病を原因とするものであり、事業者の過失についても否定された事例（横浜地裁／2010〔平成22〕年8月26日判決）

（1）事案

原告ら3名は被告に対し、職員に対する管理体制、利用者Aに対する職員の観察、事故後の救命措置等につき過失があったとして、不法行為または債務不履行に基づき慰謝料等3,190万円を請求したが、裁判所は請求を棄却した。

（2）当事者

①利用者：A

事故当時82歳、女性。移動には車椅子を利用。既往症として認知症、右大腿骨頸部骨折、左大腿骨頸部骨折、腰椎圧迫骨折および高血圧があった。

②原告：Aの夫および子ら3名

③被告：本件介護老人保健施設を設置・運営していた医療法人社団

（3）事実関係

①事実経過

・2007（平成19）年2月26日、Aは被告との間で本件施設の利用契約を締結し同年4月2日入所。

・同月15日にAはベッドから転落し骨折、入院したが同年5月8日、本件施設に再入所した。

・同年7月1日、本件事故が発生し、翌2日、Aは死亡。

②事故状況

・2007（平成19）年2月26日午後6時頃、Aは食堂で約30名の入所者と共に夕食をとっていた。介護士BがAの隣で食事をしていた入所者に声をかけられてAの様子を見ると、Aが意識を消失した状態で誤嚥していた。介護士Bは看護師を呼び、看護師はAの口腔内に指を入れて食物を掻き出し、入れ歯を外して吸引器を使用して吸引措置を行ったが、Aの唇にはチアノーゼが出現していた。

・看護師らは、救急隊が到着するまでエアウェイを挿入しての酸素吸入と吸引器での吸入を交互に行い、さらに心臓マッサージを行った。

・午後6時17分頃に救急隊が到着し、病院で心拍が再開したが、翌日午前8時5分、Aは死亡した。

（4）過失についての判断

①判断の前提となる事実

・仮にAが食物を誤嚥し窒息して意識消失に至ったのであれば、苦しんだりむせ込んだり、胸をたたいたりするのが自然であるが、このような動作をとったとは認められないこと。

・窒息により意識を消失したならばSpO_2（血中酸素飽和度）の数値は相当程度低下すると考えられるが、事故直後の数値は80%であり、意識障害が起きる可能性があるほどには低下していなかったこと。

・Aは、職員が目を離してから数秒後に意識消失に至っていたものであるが、食物を誤嚥して窒息した後、極めて短時間のうちに意識消失が起こり得るという医学的知見は存在しないこと。

・Aは脳梗塞や心筋梗塞が発生する相当程度の危険性があったといえるが、本件施設に入所中、脳梗塞や心筋梗塞の発症を抑制するための対応はとられていなかったこと。

・以上の各事実によれば、本件事故は食物の誤嚥による窒息を原因とするものとは認められず、Aが脳梗塞、心筋梗塞などによる発作を起こし、それによる吐き戻しの誤嚥である蓋然《がいぜん》性が高いこと。

・被告は、Aの既往症として認知症、右大腿骨頸部骨折、左大腿骨頸部骨折、腰椎圧迫骨折および高血圧を把握していたが、本件事故の原因となる陳旧《ちんきゅう》性脳梗塞、心不全といった疾病については情報提供を受けていないため、把握していなかったこと。

②過失についての判断

1）緊急応急措置について職員を教育しなかった過失

裁判所は介護施設における一般的注意義務として「介護施設では高齢の入所者が多く、入所者に何らかの急変が起こる可能性は相当程度あるのであるから、介護保健施設である本件施設を運営する被告には、入所者の急変に際して適切な対処をとれるよう職員を教育する義務がある」とした。

そして事故当時、本件施設では「救急救命マニュアル」を作成し急変時にとるべき救命措置の内容および方法、医師および看護師への連絡、館内全体放送の手順、救急搬送の手順について定めていること、さらに、年1回の定期的な勉強会のほか日常業務を通じて急変時への対応について指導が行われており、職員に対する教育が不十分であったとすることはできないとして、この点について過失はないと判断した。

2）AEDの設置を怠った過失

「本件事故当時、介護老人保健施設にAEDの設置が義務付けられていたことを認めるに足りる証拠はない」として、介護老人施設におけるAEDの一般的設置義務を否定した。

また、本件事故の具体的状況において、被告は本件事故の原因となるAの脳梗塞や心筋梗塞といった既往症について情報提供を受けていなかったことから、その発症を予見することは困難であったのだから、本件事故当時、被告がAEDを設置しなかったことが過失であるとまではいえないと判断した。

3）適切な人員の配置を怠った過失

「人員配置について、被告施設は法令上の基準を満たしていた。また、Aが脳梗塞や心筋梗塞などの疾病を突然発症することの予見は困難であり、被告が本件事故を予見することが可能であったとは認められず、人員配置を増やすことによって本件事故の予見が可能となるわけではないから、被告に増配置をする義務があったとはいえない」として否定した。

4）Aを病院において治療を受けさせることを怠った過失

「Aの本件事故前の体調は良好ではなかったということはできるが、直ちに医療施設での治療を要するほど重篤な程度に達していたとまではいえないから、本件施設の医師がAを病院で受診させなかったことに過失があるとはいえない」とした。

5）Aを適切な位置で食事させ、注意深く観察することを怠った過失

「被告Aの脳梗塞や心筋梗塞などの疾病の発症を予見することは困難であり、介護士がAの突然の意識消失を予見することはできなかったといわざるを得ない。介護士は前任者から引継ぎを受けた際、Aが合計5回の嘔吐をしたことなどを聞いて特に注意して観察していたことが認められ、観察の程度が不十分であったとはいえないし、席替え等をしなかったことについて過失があったということもできない」とした。

6）事故後適切な救命措置をとらなかった過失

「エアウェイ挿入および吸引は、いずれも介護福祉士が行うことが法令上禁止されている医行為に該当する可能性が極めて高いものであるうえ、本件施設の『救命救急マニュアル』では吸引や気道確保は医師または看護師のみが行い得る行為とされており、介護福祉士はこれらの器具の取り扱いに習熟していなかったから、介護士がAの意識消失を発見した後、直ちにエアウェイの挿入や吸引を行わず、看護師に連絡したことをもって過失があったということはできない」とした。

「Aは苦しむ様子を見せることなく、突然後屈状態で意識を消失し、問いかけにも応じなかったのであるから、即座にその原因が誤嚥であ

ると判断したうえで、気道確保および吸引が必要と判断することを介護福祉士である介護士に求めるのは困難であり、直ちに介護士が気道確保および吸引を行うべき特別の状況にあったとは認められない」とした。

7) アンビューバッグを使用しなかった点、適切な心臓マッサージをしなかった過失、掃除機用カテーテルを使用しなかった過失

いずれの措置についても過失は認められないとした。

5 棄却事例③
デイサービスの昼食時における死亡事故

デイサービスの利用者の昼食時における食事誤嚥による死亡事故につき、事業者の責任が否定された事例（東京地裁立川支部／2010〔平成22〕年12月8日判決）

（1）事案

原告3名は被告に対し、不法行為責任または債務不履行責任に基づき慰謝料等合計4,672万9,955円を請求したのに対し、裁判所は、職員の見守りに過失は認められず、昼食時の職員の配置も債務不履行にあたらないとして請求を棄却した。

（2）当事者

①利用者：A

事故当時81歳、男性。糖尿病、パーキンソン症候群と診断されており、要介護5で認知症も進行していた。

②原告：Aの妻および子ら3名

③被告：通所介護・介護予防通所介護事業所（以下、本件デイサービス）を設置運営する法人

（3）事実関係

①事実経過

・2007（平成19）年10月2日、Aは被告と通所介護・介護予防通所介護契約を締結し、同月6日から週2回、2008（平成20）年7月からは週3回、本件デイサービスを利用していた。

・2008（平成20）年12月16日の昼食時に本件事故が発生し、救急車で搬送。意識は回復することなく2009（平成21）年3月5日、Aは死亡。

②事故状況

・2008（平成20）年12月16日、Aは午前9時15分頃から個別機能訓練、口腔機能訓練を受け、午前中は普段通り過ごし、12時頃から昼食をとり始めた。

・当日のデイサービス利用者は23名、そのうち要介護5はAを含め2名、食事介助が必要な者はおらず、テーブル1つにつき6～7名の利用者が座っていた。職員は5名配置されており、デイルームには介護職員Bと看護師Cが全体を見守っており、他の職員3名は厨房とデイルームを出たり入ったりしていた。

・食事開始直後、Aの手が震えており、それに気づいた職員Bが声をかけたところ、Aは返事をせずもぐもぐしているような状態で、その後､大きなしゃっくりをすると痙攣《けいれん》と震えが起こり､唇も青くなっていた。

・12時5分頃、看護師CがAの様子を見ると、Aは顔面蒼白で反応がないためAの入れ歯を外し口の中の物を取り出そうとした。しかし何も出てこなかったため、さらにタッピングおよびハイムリッヒ法を実施したが反応はなかった。

・12時6分頃､職員Bらは誤嚥用チューブで吸引をして青菜、マグロ、血液を吸引し、AED、人工呼吸も実施し119番通報をした。同17分頃に救急車が到着し、同27分ころ心肺蘇生によりAの心拍は再開したが、死亡に至った。

（4）過失についての判断

◎不法行為責任について

事故状況および職員らの対応によれば、本件事故当時、昼食の見守りを担当していた職員Bおよび看護師Cはその役割を的確に果たしており、他の利用者に気を奪われてAの飲食状態の見守りを怠ったとは認められないとして、過失を否定した。

◎債務不履行責任について

①判断の前提となる事実

・本件利用契約は、介護保険に基づく居宅サービス事業の1つである通所介護に関するものであり（介護保険法第8条第7項）、介護保険法等の関係法令に従うものであるところ、被告の職員の配置はこれらに適合したものであること。

・法令の基準を上回る内容の特約もなかったこと。

②過失についての判断

「本件事故当日、23名の利用者に対してもっぱら食事の見守りを担当する職員として配置されていたのが介護員1名と看護師1名であったことが、本件利用契約に基づく債務の履行を怠ったものとは認められない」とし、「デイサービスの職員らは、本件事故当時それぞれ配置された状況のもとでAのためにできるだけのことはしたものと認められる。したがって被告に本件利用契約に基づく債務の不履行は認められない」として、債務不履行責任も否定した。

（5）備考

①要介護度と注意義務の程度について

「四肢麻痺《ししまひ》であれば判断力、言語、咀嚼《そしゃく》、嚥下にまったく問題がなくても、要介護5となるのであるから、Aの要介護度が最高の5であったことは本件事故における被告の注意義務の程度を直接左右しない」としている。

②通常食の提供について

通常食を提供していたことについては、Aは嚥下障害があるとの診断は受けておらず、通常食の提供については入所後の2007（平成19）年11月に原告らも同意していたことから、通常食を提供していたことに過失はないと判断している。

6 誤嚥事故事例において請求認容と請求棄却を分けたポイント

1 過失の有無＝予見義務の有無

事故発生後の施設職員の対応としては、認容事例、棄却事例にかかわらず、おおむね、発見後直ちに応援を呼ぶ、看護職員らが吸引措置等の応急措置を施す、救急車を呼ぶ、といった対応がとられており、この点についてあまり差はないようです。それでは、一体何が過失の有無を分けたのでしょうか。

それは、安全管理という視点、当該事故発生が予見可能であったかという点であったといえます。簡単にいえば、過失＝注意義務違反は、結果（事故）についての予見義務に違反し、さらに結果（事故）を回避する義務を怠った場合に認められます。

そして、そもそも結果の予見が不可能であれば、予見義務は課されませんし、結果の回避が不可能であれば結果回避義務も課されません（法は不可能を要求しません）。すなわち、そもそも事故についての予見可能性がなければ、過失が否定されるという構造になっているといえます。

では、その予見可能性の有無を、裁判所はどのように判断したのでしょうか。具体的に見てみると、棄却事例①（45ページ参照）においては利用者の咀嚼能力は高く、それまで食事を全量摂取していたこと、棄却事例②（49ページ参照）においては事故原因は利用者の既往症である脳梗塞・心筋梗塞にあるとしたうえで、施設側はこの既往症について情報提供を受けておらず把握していなかったこと、棄却事例③（54ページ参照）においては利用者の判断力、咀嚼能力、嚥下能力にまったく問題がなかったこと、などから施設側には誤嚥事故を予見することは困難であったとしています。

他方、認容事例においては医師の診察や日頃の介護業務の中で利用者の咀嚼・嚥下能力の低下が指摘されており、職員もこれを認識していました。したがって当該事故について予見可能であったという認定がされています。

つまり､掲載裁判例において､裁判所は結果(事故)が予見可能であったか否かの判断に当たって、事故前の利用者の健康状態、特に食事の摂取態様、咀嚼能力、嚥下能力についてどのような状態にあったのかという点を比較的詳細に検討して、予見可能性について判断しているといえます。

確認問題

問題1 裁判例の内容について、適切なものを1つ選びなさい。

①誤嚥の兆候のある利用者の食事介助に当たり、担当職員が施設から、ⅰ覚醒をきちんと確認しているか、ⅱ頸部を前屈させているか、ⅲ手、口腔内を清潔にすることを行っているか、ⅳ一口ずつ嚥下を確かめているか、などの点を確認せず、そのために事故が発生した場合、施設が責任を負うことはない(認容事例②、42ページ)。

②食事介助をする介護職員は、利用者の判断力、言語、咀嚼、嚥下能力にかかわりなく、常に、利用者が確実に食物を飲み込んだかどうか口の中を確認して、嚥下動作を確認する法的注意義務を負っているのであり、職員が「次何食べますか？」等の声かけをして利用者が口を開けるのを待って食べさせる方法では、不法行為責任または債務不履行責任上の注意義務を果たしたことにならない(認容事例①、38ページ)。

③利用者の嚥下障害について、事前に施設側が認識していたか否かは、過失の判断に当たって重要な要素となる。

解答1

③

解説1

①×：認容事例②(42ページ参照、松山地裁／2008〔平成20〕年2月18日判決)は、誤嚥事故の直接的な発生原因が、担当職員が食事介助に当たりⓘ～ⓘⓥの確認を怠ったためであったとしても、施設は責任を免れず、不法行為責任および使用者責任が責任を負わなければならないと判断しています。施設には、担当職員を教育・指導する義務があるからです。

②×：認容事例①(38ページ参照、名古屋地裁／2004〔平成16〕年7月30日判決)は、利用者が確実に食物を飲み込んだかどうか口の中を確認して嚥下動作を確認する注意義務を導き出すに当たって、利用者の年齢、義歯の装着の有無、嚥下障害の有無等を考慮しており、利用者の状態にかかわらずそのような確認義務を常に負うべきとの判断はしていません。注意義務の程度の判断に当たっては、利用者の身体状態は重要な考慮要素となるのです。

③○：嚥下能力にまったく問題がなく施設が事前に嚥下障害を認識していない利用者の誤嚥事故の場合、事故の予見可能性が否定される可能性があります。したがって、施設が利用者の嚥下障害を認識していたか(または認識し得たのか)は、過失の判断に当たっては重要な考慮要素となっています。

第5章

介護事故の判例②
転倒事故

※本章では、判決当時に使用した痴呆などの表現をそのまま掲載しています。

1 認容事例
トイレ内での転倒事故

介護老人保健施設における建物の構造上の瑕疵《かし》を原因とする転倒事例（福島地裁白河支部／2003〔平成15〕年6月3日判決）

（1）事案

原告は被告に対し、債務不履行または民法717条に基づき慰謝料等1,054万7,970円を請求したのに対し、裁判所は慰謝料等537万2,543円につき認容した。

（2）当事者

①利用者：A

事故当時95歳、女性、要介護2。日中はトイレを使用していたが、夜間はポータブルトイレを使用していた。

②原告：A本人

③被告：介護老人保健施設を経営する社会福祉法人

（3）事実関係

①事実経過

・2000（平成12）年10月27日、Aと被告は介護老人保健施設利用契約を締結し、Aは本件施設に入所した。

・2001（平成13）年1月8日に本件事故が発生し、Aは入院加療68日間、通院加療31日間を要する右大腿骨頸部骨折の傷害を負った。また、Aは本件事故により創痕《そうこん》、右下肢筋力低下の後遺症が残り、1人で歩くことが不自由となった。

②事故状況

・2001（平成13）年1月8日午後6時頃、Aの居室にあるポータブルトイレの排泄物が清掃されておらず、Aは夜間もそのまま使用することを不快に感じ、自分で排泄物を本件処理場に運んで処理しようと考えた。

・Aはポータブルトイレの排泄物容器を持ち、シルバーカーにつかまりながら廊下を歩いてトイレに行き（距離にして約15～20m）、トイレに排泄物を捨てた後、その容器を洗おうとして隣の本件処理場に入ろうとしたところ、出入口の本件仕切りに足を引っかけて、本件処理場内に転倒。

・夕食後、トイレの中からうめき声が聞こえてくるのに気づいた職員が、トイレ内で倒れて動けなくなっているAを発見した。

（4）過失についての判断

①過失判断の前提となる事実

・本件施設においては、「看護・医学的管理のもとに利用者の心身の状況に応じた医療・介護・機能訓練、その他サービスを提供」することが予定され、そのサービスの一環として「食事、入浴、体位交換、清拭、排泄などの日常生活介護サービス」が含まれていること。

・本件施設の介護マニュアルによると、ポータブルトイレの清掃は朝5時と夕方4時の1日2回行うこととされ、その内容は「16:00ポータブルトイレ・バルーン・尿器清掃、ポーターはトイレ用洗剤で洗い消臭液を入れる、ポーター回りは清拭で拭く、バルーンの尿量チェックはパックで計る」と具体的に定められていたこと。

・ポータブルトイレの清掃は介護マニュアルに沿って実施されておらず、事故前においてもAのポータブルトイレの排泄物が清掃処理されていないことが多かったこと。

・ポータブルトイレの清掃がなされていない場合は、Aは自分で容器を洗うこともできる本件処理場まで排泄物を捨てに行っており、また職員に処理を頼みづらい雰囲気があったこと。

・トイレ内にある本件処理場では、ポータブルトイレ内の排泄物を流すのみならず、容器を洗うことができたこと（他のトイレでは容器の清掃はできない）。
・本件処理場は、出入りのために高さ87mm、幅95mmの凸状の仕切り（本件仕切り）をまたがなくてはならない構造であったこと。

②過失についての裁判所の判断

◎債務不履行責任

債務不履行責任について「被告は、本件契約に基づき介護ケアサービスの内容として入所者のポータブルトイレの清掃を定時に行うべき義務があった」としたうえで、「本件事故当日、被告が定時の清掃を行わなかったことにより原告がこれを自ら捨てようとして本件処理場に行った結果、本件事故が発生したことが認められる」「居室内に置かれたポータブルトイレの中身が廃棄・清掃されないままであれば、不自由な身体であれ老人がこれをトイレまで運んで処理・清掃したいと考えるのは当然であるから、ポータブルトイレの清掃を定時に行うべき義務と本件事故との間に相当因果関係が認められる」として、清掃義務違反により本件転倒が発生したとして、清掃が行われなかったとしてもＡ自ら清掃処理する必要はなく、介護職員に頼んで処理をしてもらうことができたとする被告の主張を否定し、Ａの転倒につき被告の過失を認定した。

◎土地工作物の設置・保存の瑕疵に基づく責任（民法717条）

「本件施設は、身体機能の劣った状態にある要介護老人の入所施設であるから、その特質上入所者の移動ないし施設利用等に際して身体上の危険が生じないような建物構造・設備構造が特に求められているというべきである」として構造における安全配慮義務を認めたうえで、本件処理施設は要介護者の出入りは予定していない場所であり、構造上問題ないとの被告の主張に対し、「現に入所者が出入りすることがある本件処理場の出入口に本件仕切りが存在するところ、その構造は下肢の機能の低下している要介護老人の出入りに際して転倒等の危険を生じさせる形状の設備であるといわなければならない」として、「これは民法717条の『土地の工作物の設置又は保存の瑕疵』に該当するから、被告には同条による損害賠償責任がある」と判断した。

2 棄却事例
特養における転倒・骨折事故

特別養護老人ホームにおける転倒・骨折事故につき第1審・控訴審ともに事業者の責任を否定した事例（第1審・福岡地裁小倉支部／2006〔平成18〕年6月29日、控訴審・福岡高裁／2007〔平成19〕年1月25日）

(1) 事案

原告は被告に対し、主位的に不法行為（使用者責任）に基づき、また予備的に債務不履行に基づき、損害賠償として慰謝料等2,000万円を請求したのに対し、第1審、控訴審ともに被告に過失はないとして請求を棄却した。

(2) 当事者

①利用者：A

事故当時88歳、女性。視覚障害があり、ほぼ全盲の状態で老年性痴呆の症状もあった。一方、入所当時から介護者との意思疎通はできており、介助による自力歩行でトイレや食堂に行っていた。時々徘徊することもあった。

②原告：Aの子

③被告：特別養護老人ホームの経営者

(3) 事実関係

①事実経過

・1997（平成9）年5月30日、Aは本件特別養護老人ホームに入所。

・2002（平成14）年12月13日に本件事故が発生し、Aは左大腿骨頸部内側骨折、左拇指《ぼし》基節骨骨折の傷害を負った。

・翌14日、病院に搬入されて整形外科に入院し、同月18日に左人工骨頭置換術を受けたがその後脱臼したため、同月26日には人工骨頭摘出術を受けた。

・2003（平成15）年1月8日に内科に転科し、同月20日、肺炎により死亡。

②事故状況

・Aは事故2日前から風邪をひいていたため、居室で食事をとっていた。

・事故当日の午前7時30分頃、職員BはAに居室で朝食をとらせようとAのいる607号室に行き、床頭台と椅子を設置して食事の準備をしてAを椅子に座らせた。食事を持ってくるまで座って待つように言い、他の要注意入所者の食事の準備をするため607号室を離れた。

・午前7時55分頃、巡回していた看護師Cは、Aが食堂（607号室からの距離は20～30m程度）の窓側の壁にもたれて座っているのを発見し、Aを食堂のテーブルに座らせ、職員Bに頼んで食事を取りに行かせた。

・看護師Cは、職員Bが食堂に戻ってきたので、その場を離れた。その後、職員BはAに食事をさせ、食後、車椅子に乗せて607号室まで連れて帰った。

・午前9時20分、看護師長は、看護師CからAが食堂で座り込んでいたとの報告を受けAを観察したところ、Aは左大腿部と左第1指の痛みを訴え、左第1指が暗紫色を呈し腫脹《しゅちょう》も認められたので施設医に連絡した。同医師から痛み止めと湿布剤が処方され、翌日来診する整形外科医の指示を仰ぐよう指示されたため、そのように処置し翌14日、整形外科医の診断を受け、レントゲン検査により骨折が判明した。

図表5-1●事故の状況

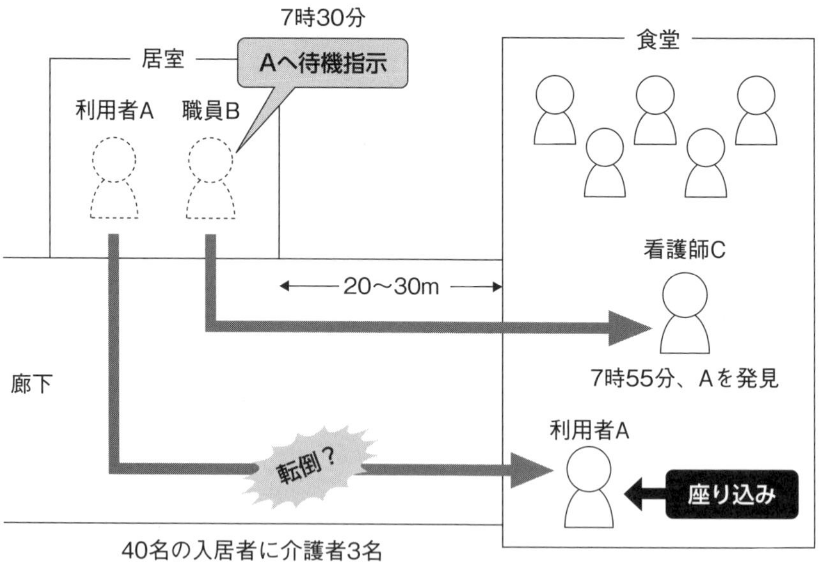

著者作成

(4) 過失についての裁判所の判断

①原審

◎不法行為責任について

「本件事故は、Aが職員の指示に従わずに居室を出て自力で食堂まで歩いて行き、そこで転倒したものと推認することができるのであって、Aが主張するような態様ではなかったのであるから、被告は原告主張の不法行為責任（使用者責任）を負わない」とした。

◎債務不履行責任について

「Aには徘徊癖があったとしても、本件事故当時は朝食の準備のため繁忙な時間帯であったことや、Aが居室を出てから食堂に自力歩行して転倒するまでは短時間であったことに照らすと、看護職員を含め本件施設の職員が事故を予見し、かつ回避する可能性があったものと認めるのは困難である。そうすると、原告主張に係る注意義務違反を認めることはできず、被告は債務不履行責任を負わない」とした。

②控訴審

◎債務不履行責任について

「Aと介護者との意思疎通は可能であり、本件事故前日までの食事の際には介護職員の指示に従わずに居室を離れたことはなく、事故当日の朝食の際にも介護職員の指示に従わないような様子はうかがえなかったのであるから、Aが上記指示に従わずに居室を離れ、本件事故が発生する具体的なおそれがあったとはいえず、本件施設の職員が事故の発生を予見することが可能であったとはいえない」「また、本件事故発生当時は、前記のとおり6階の約40名の入所者に対し介護職員3名、看護師1名（ただし2階から6階を通じ全体で1名であった）の体制であった。しかも朝食の準備のための繁忙な時間帯であり、食堂の他、居室で食事をとる入所者が少なくなかったこと、Aが居室を出てから食堂に自力歩行して転倒するまでは短時間であったこと、上記介護・看護体制が介護保険の指定の配置基準を満たしていないとはいいがたいこと、介護保険法に基づき介護のあり方につき定められた指定介護老人福祉施設の人員、設備及び運営に関する基準では、『入

図表5-2●裁判所の判断

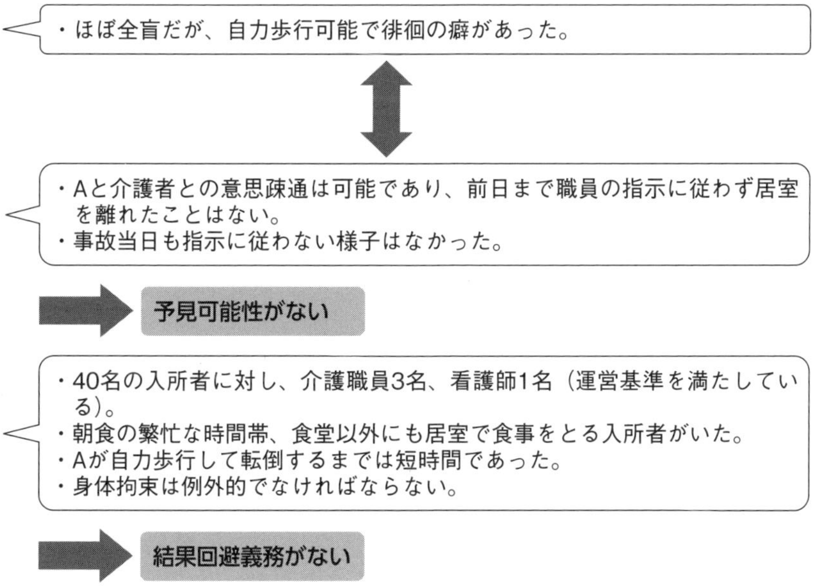
・ほぼ全盲だが、自力歩行可能で徘徊の癖があった。
・Aと介護者との意思疎通は可能であり、前日まで職員の指示に従わず居室を離れたことはない。
・事故当日も指示に従わない様子はなかった。
予見可能性がない
・40名の入所者に対し、介護職員3名、看護師1名（運営基準を満たしている）。
・朝食の繁忙な時間帯、食堂以外にも居室で食事をとる入所者がいた。
・Aが自力歩行して転倒するまでは短時間であった。
・身体拘束は例外的でなければならない。
結果回避義務がない

著者作成

所者等の生命又は身体を保護するため、緊急やむを得ない場合を除き、身体的拘束その他入所者の行動を制限する行為を行ってはならない(第12条4項)』とされていること等の諸事情も合わせ考慮すると、被控訴人の履行補助者である本件施設の職員に注意義務違反があったとまでいうことはできない」とした。

3 一部認容事例①
認知症患者の転倒・骨折事故

デイケアの送迎時に発生した転倒・骨折事例（東京地裁／2003〔平成15〕年3月20日判決）

(1) 事案

原告は被告に対し、注意義務違反を理由に債務不履行または不法行為に基づき慰謝料等1,657万8,813円を請求したのに対し、裁判所は6割の過失相殺をしたうえで、慰謝料等308万707円につき認容した。

(2) 当事者

①利用者：A

事故当時78歳、男性。アルツハイマー型老年性痴呆と診断されたため事故の約10カ月前からデイケアを利用していた。自立歩行が可能であり、簡単な会話は理解・判断が可能であった。他方、貧血状態にあり体重も減少傾向にあった。

②原告：Aの妻および子

③被告：小規模精神科デイケア承認施設を設置する医院を設置・運営する医師

(3) 事実関係

①事実経過

・1999（平成11）年3月2日に、Aは被告医院のデイケア室への通院を開始。土日祝日を除くほぼ毎日、午前9時から午後5時までデイケアを利用しており、行き帰りには送迎バスを利用していた。

・同年12月10日に本件事故が発生し、Aは右大腿部頸部を骨折し同日入院。その後、Aは寝たきりとなって、食欲も低下していき、翌2000(平成12)年1月7日には肺炎が疑われたため転院。その後肺炎を繰り返すようになり、同年4月29日、肺炎を直接の死因としてAは死亡。

②事故状況

・当日、Aは送迎バスによりデイケアから自宅マンション前まで送り届けられた。送迎バスに乗車していた職員は運転手を兼ねていた1名のみであった。

・職員はバスを停車させ、運転席から降りて左側のスライドドアを開け、座席の下から踏み台を取り出して、後部座席に座っていたAを呼んで降車させた。Aは介助を受けずに座席から車内の通路を歩いてドアから歩道に降り立ち、職員はAの降車後、踏み台を元の場所へ片付け、ドアを閉めて施錠する作業をしていた。そのときAの声が聞こえたため職員が振り返ったところ、Aが転倒しかかっていた。手を差し伸べたが転倒を防ぐことはできなかった。Aが転倒した場所は、歩道の舗装部分と未舗装部分の境目で、やや未舗装部分寄りのところである。

(4)過失についての判断

①過失判断の前提となる事実

・一般に、老年者の生理的活動性は低下しており、歩幅が狭く重心がふらつき、反射機能に欠けることから転倒しやすく、また加齢とともに骨が脆弱《ぜいじゃく》化することから、軽微な外傷により骨折を生ずるとされており、Aは78歳の老年者であったこと。

・Aは貧血状態で体重も減少傾向にあり、ささいなきっかけで転倒しやすく、また転倒した場合は骨折を生じやすい身体状況にあったこと。

・本件事故の現場は、一部未舗装の歩道であり足場のよい場所ではなかったこと。

・上記事実によれば、被告においてAの転倒の危険は十分想定可能であったこと。

②過失についての判断

・「Aと被告との契約関係等にかんがみれば、被告は、Aと被告との間で締結された診療契約と送迎契約が一体となった無名契約に付随する信義則上の義務として、Aを送迎するに際し同人の生命および身体の安全を確保すべき義務を負担していた」として、被告は施設内のみならず送迎時においても契約上安全配慮義務を負うとした。

・送迎時における具体的な注意義務として、「Aの年齢、身体状況に加え、送迎の際に存在する転倒の危険にかんがみるならば、被告は、本件医院へ通院するためにAを送迎するに当たっては同人の移動の際に常時介護士が目を離さずにいることが可能となるような体制をとるべき契約上の義務を負っていた」としたうえで、「被告としては、職員に対して送迎バスが停車してAが移動する際に同人から目を離さないように指導するか、それが困難であるならば送迎バスに配置する職員を1名増員するなど、本件事故のような転倒事故を防ぐための措置をとることは容易に行うことができるものであり、そうした措置をとることによって、本件事故は防ぐことができたということができる」として、結果回避も容易であったと判断し、被告の過失を認定した。

(5) 死亡との因果関係について

裁判所は、「一般に老年者の場合、骨折による長期の臥床《がしょう》により肺機能を低下させ、あるいは誤嚥を起こすことにより肺炎を発症することが多い。そして肺炎を発症した場合に、加齢に伴う免疫能の低下、骨折、老年性痴呆等の要因があると予後不良であるとされていることからすると、本件のような事故が原因となって、大腿部頸部骨折を負った後、肺炎を発症し最終的に死亡に至るという経過は、通常人が予見可能な経過である」として、被告の過失行為と肺炎の発症、死亡との間に相当因果関係を認めた。

(6) 過失相殺について

「Aは自立歩行が可能であって、歩行の際に介護士等が手を貸す必要のない状況であったうえ、簡単な指示であれば理解し判断をすることができたことからすると、本件事故はA自身の不注意によって生じたものと解さざるを得ない」として6割の過失相殺を認めた。

4 一部認容事例②
昼寝から目覚めた後の転倒・骨折事故

デイサービス利用中の転倒における職員の見守り義務が問われた事例（福岡地裁／2003〔平成15〕年8月27日判決）

（1）事案

原告は被告に対し、介護サービス契約上の安全配慮義務の債務不履行に基づき損害賠償として慰謝料等合計1,340万円を請求したのに対し、裁判所は慰謝料等470万円につき認容した。

（2）当事者

①利用者：A

事故当時95歳、男性。両膝関節に変形性関節症を有しており、独立歩行は困難であったが、何かにつかまるなどしての歩行が可能であった。また痴呆等のため意思伝達は困難だったが、施設利用後は職員や他の利用者と話をすることもできた。

②原告：A本人

③被告：介護サービス施設を経営する特定非営利法人

（3）事実関係

①事実経過

・2000（平成12）年7月4日、原告と被告は、通所介護を内容とする介護サービス契約（一般に、単独での日常生活に不自由がある要介護者に対して介護サービス施設への送迎、同施設での生活指導、日常生活訓練、健康チェック、食事、入浴、機能訓練などのサービスを日帰りで提供するもの。以下、本件契約）を締結。

・同年11月9日、Aは被告施設内の静養室において、昼寝から目覚めた後に転倒し、右大腿骨顆上骨折の傷害を負った。

②事故状況

・事故当日の昼食後、Aは静養室で昼寝をしていた。職員Bは静養室の隣室でAに背を向けてソファに座っており、時折後ろを振り返り、また2回ほど静養室に行き、Aの様子をうかがっていた。職員Cは離れた机の前に座っており、静養室の内部は職員Cから死角になっており、Aの動静はまったく見えなかった。

・当時、被告施設で利用者を見守っていたのは職員B、Cだけであり、職員Cは事故の2週間ほど前から被告施設で働き始めたばかりであった。

・午後1時40分頃に訪問者が訪れたため、職員Bが応対に出た。その際、職員Bは職員Cに見守りを交代するよう声をかけたり、Aの様子を確認したりはしなかった。職員Bが訪問者の応対していると

図表5-3●事故の状況

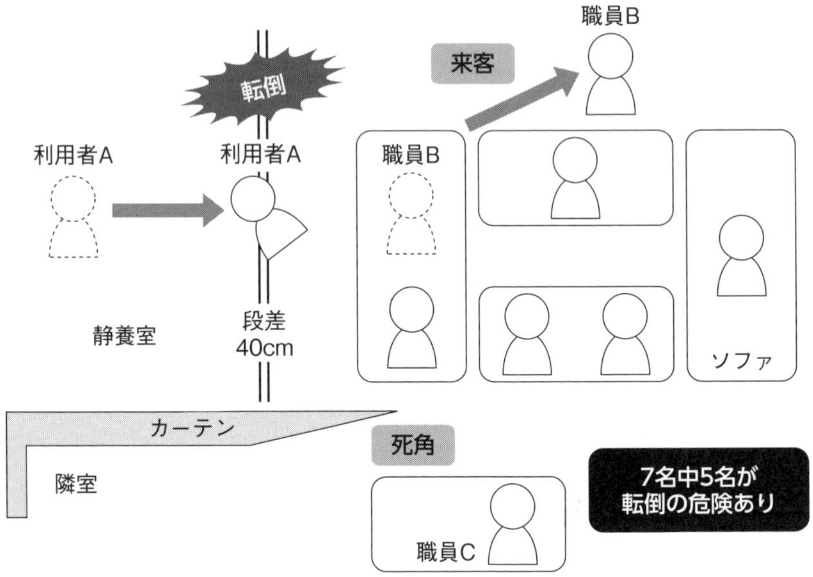

（昼食後の静養時間であり、介護者は2名）

著者作成

「ドスン」と音がしたので、静養室に戻った。するとAは静養室入口付近の段差にやや背を向け、膝を少し曲げた状態で尻をついて座り、「痛い、痛い」といっていた。

・職員B、CはAを静養室の畳の上に一緒に抱え上げ、Aのバイタルチェックや軟膏《なんこう》を塗るなどの応急措置をした。

(4)過失についての判断

①判断の前提となる事実

・通所介護契約は「事業者が利用者に対し、介護保険法令の趣旨にしたがって利用者が可能な限りその居宅において、その有する能力に応じた自立した日常生活を営むことができるよう通所介護サービスを提供し、利用者は事業者に対しそのサービスに対する料金を支払うもの」であること(契約書第1条)。

・Aは事故当時95歳と高齢で、視力障害、痴呆であり、両膝関節変形性関節症を有していて歩行に困難をきたすとともに転倒の危険があったこと。被告はこのことを通所介護の開始に当たって示された居宅サービス計画書および親族からの書面により認識していたこと。

・Aは、限定的ではあるが自力移動が可能であり、被告施設利用後からは活動能力を回復しており、布団で寝て上体から起き上がること、そこから座ったままで移動することも可能であったこと。被告は、これらのAの活動状況については、これまでの52回にわたるAの被告施設の利用状況や記録により認識していたこと。

・上記Aの活動状況や転倒の危険についての認識から、被告は、Aが静養室での昼寝の最中に尿意を催すなどして、起き上がり移動することは予見可能であったこと。

・さらに、静養室入口の段差から転落するおそれもあったといわざるを得ず、この点についても被告は予見可能であったこと。

②過失についての判断

・まず、通所契約上、被告は事業者として「高齢等で精神的、肉体的に障害を有し、自宅で自立した生活を営むことが困難な利用者の状況を把握し、自立した日常生活を営むことができるよう介護を提供するとともに、事業者が認識した利用者の障害を前提に、安全に介護を施す義務がある」として、一般的な安全配慮義務を認定した。

・そのうえで、本件事故当時におけるAの行動や転倒についての予見が可能であったことを前提に、具体的な義務として、被告にはAの動静を見守ったうえで昼寝から目覚めた際に必要な介護を行う注意義務があったとした。

・事故当時職員B、Cは、Aの状態を確認できない位置におり、またB職員がAの状態を確認せず、かつ職員Cに静養室近くでの「見守り」を引き継ぐこともせずに玄関に移動してしまったために、両職員らはAが目を覚まし移動を開始したことについても気づく状況になく、当然、Aの寝起きの際に必要な介護もしなかったとして、上記注意義務を怠った過失があると判断した。

図表5-4●裁判所の判断

通所介護契約→
利用者の状況を把握し、自立した日常生活を営むことができるよう介護を提供するとともに、事業者が認識した利用者の障害を前提に安全に介護を施す義務

・Aは、独立歩行は困難であったが、ものに掴まるなどしての歩行が可能であり、尿意を催すと自らトイレを探して歩行することがあった。
・風船バレーのレクリエーションでは張り切って立ち上がることもあった。
・昼寝していた布団やベッドで上半身を起こすこともあった。
・いざりによる移動もできた。
・視力障害、痴呆もあった。

・職員BはAに背を向けており、細かな動静を十分に把握できなかった。
・職員BはAの状態を確認せずに、職員Cに静養室近くでの見守りを引き継がずに来客に対応し、職員Cは死角となる位置にいた。

→ **Aの動静を見守ったうえ、目覚めた際に必要な介護を怠った過失がある。**

著者作成

5 一部認容事例③
歩行介助を拒否し、転倒・骨折した事故

デイサービスにおいて、トイレ介助を拒否した利用者がその直後にトイレで転倒した事例（横浜地裁／2005〔平成17）年3月22日判決）

（1）事案

原告は被告に対し、債務不履行または不法行為に基づき介護料、慰謝料等の損害賠償合計3,977万7,954円を請求したのに対し、裁判所は慰謝料等1,253万719円につき認容した。

（2）当事者

①利用者：A

事故当時85歳、女性、要介護2。何かにつかまらなければ立ち上がれず、杖を支えに立ち上がり、杖をついて歩行することはできたが、不安定でいつ転ぶかわからないという状態であった。本件施設内においても常時杖をついていた。

②原告：A本人

③被告：横浜市から委託を受けて地域ケアプラザを管理運営する社会福祉法人

（3）事実関係

①事実経過

・2000（平成12）年2月21日、Aは被告施設において週1回の通所介護サービス（デイサービス）を開始し、同年3月26日、Aと被告

は通所介護契約を締結。

・2002（平成14）年7月1日に本件事故が発生。

②事故状況

・当日、Aは本件施設で午後3時頃まで通所介護サービスを受けた後、送迎車が来るのを待つ間、トイレに行くために杖をついてソファから立ち上がろうとした。職員は介助をしようとしてAに「ご一緒しましょう」と声をかけたが、Aは「1人で大丈夫」といって介助を拒絶した。職員は「トイレまでとりあえずご一緒しましょう」といい、トイレの入口までの数メートルの間､杖をつくAに付き添って歩き、Aの左腕を持って歩行の介助をしたり見守ったりして、歩行の介護をした。このときAの歩行に不安定さはなかった。

・Aがトイレに入ろうとしたので職員が本件トイレの戸を半分まで開けたところ、Aはトイレの中に入って行った。戸を閉めたAは、トイレ内を便器に向かって杖をつきながら歩き始めたが、2、3歩歩いたところで突然杖が右方にすべったため、転倒して右足の付け根付近を強く床に打ち付け、右大腿骨頸部内側骨折の傷害を負った。

図表5-5●事故の状況

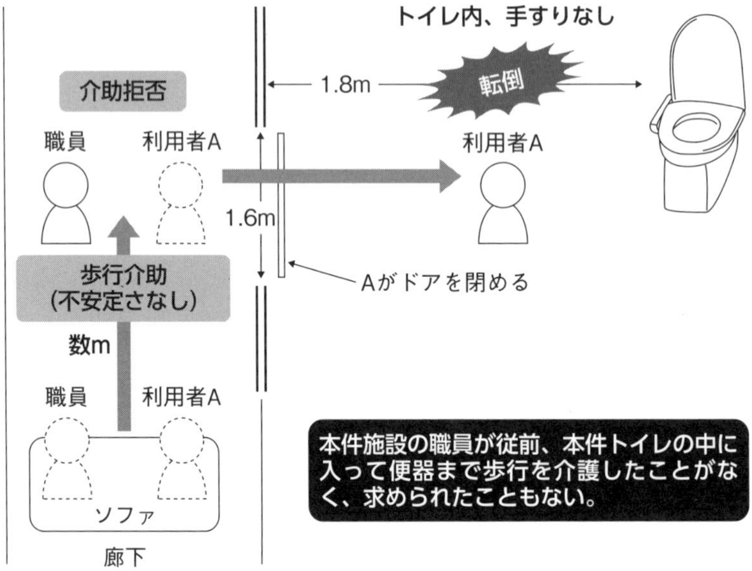

著者作成

(4) 過失についての判断

①過失判断の前提となる事実

・Aは従前足腰の具合が悪く、70歳のときに転倒して左大腿骨頸部を骨折したことがあり、本件事故の1年半ほど前にも施設内で転倒したことがあること。

・Aの下肢の状態は両下肢の筋力低下、両下肢の麻痺、両膝痛、両膝の屈曲制限、左股関節、両膝関節および足関節の拘縮《こうしゅく》、下腿部の強度の浮腫、足部のしびれ感、両足の内反転気味の変形傾向などを有し、歩行時も膝をつっぱった姿勢で足を引きずるような歩き方で不安定であり、何かにつかまらなければ歩行できなかったこと。

・主治医は、Aの介護に当たっては歩行時の転倒に注意すべきことを強く警告していたこと。

・本件トイレは、入口から便器まで1.8mの距離があり、入口の幅も1.6mと広く、入口から便器までの壁には手すりがなかったこと。

・本件トイレの入口から便器まで杖を使って歩行する場合、Aが転倒する危険があることは十分予想し得るところであり、転倒した場合はAの年齢や健康状態から大きな結果が生じることも予想し得るものであったこと。

②過失についての判断

・まず、被告は通所介護契約上、「介護サービスの提供を受ける者の心身の状態を的確に把握し、施設利用に伴う転倒等の事故を防止する安全配慮義務を負っていた」として、契約上の一般的な安全配慮義務を認定した。

・そのうえで、「本件事故当時、Aは歩行時に転倒する危険性が極めて高い状態であり、被告職員はAのそのような状態を認識しまたは認識し得るべきであったといえるから、被告は通所介護契約上の安全配慮義務として、送迎時やAが本件施設内にいる間、Aの転倒を防止するため、歩行時において、安全の確保がされている場合等特段の事情のない限り常に歩行介護をする義務を負っていた」として、本件事故における具体的な注意義務の内容を示した。

・本件事故時、職員は「Aが拒絶したからといって直ちに1人で歩かせるのではなく、Aを説得してAが便器まで歩くのを介護する義務があったにも関わらずこれを怠った」として、過失を認定した。

・Aが同トイレ内における介護を拒否したのであるから義務違反はないという被告の主張に対しては、「介護拒絶の意思が示された場合であっても、介護の専門知識を有すべき介護義務者においては、要介護者に対し介護を受けない場合の危険性とその危険を回避するための介護の必要性とを専門的見地から意を尽くして説明し、介護を受けるよう説得すべきであり、それでもなお要介護者が真摯な介護拒絶の態度を示したというような場合でなければ、介護義務を免れることにはならない」とした。

そのうえで、「本件事故時において、本件施設の職員はAに対し介護を受けない場合の危険性とその危険を回避するための介護の必要性等を説明・説得していなかったのであるから、被告が上記の歩

図表5-6●裁判所の判断

通所介護契約→
介護サービスの提供を受ける者の心身の状態を的確に把握し、施設利用に伴う転倒等の事故を防止する安全配慮義務を負う。

・Aは約1年半前に転倒事故
・何かにつかまらなければ歩行不安定（医師の意見書）。

→ 歩行時に転倒する高度の危険→（安全配慮義務の内容として）
送迎時や本件施設内にいる間、原告が転倒することを防止するため、原告の歩行時において特段の事情のない限り、常に歩行介護する義務

・トイレの入口から便器まで1.8m、横幅1.6mと広い。手すりもない。
・転倒したときには、年齢や健康状態から大きな結果が生じ得る。

→ Aを説得して、便器まで歩くのを介護する義務があり、これを怠ったとして過失を認定

介助を拒否した点：専門的見地から意を尽くして説明し、介護を受けるよう説得してもなお拒否した場合でなければ、介護義務を免れない。

著者作成

行介護義務を免れる理由はない」として免責を否定した。

(5) 過失相殺について

本件事故は、A自ら本件トイレを選択し、本件施設職員に対して「自分1人で大丈夫だから」といって歩行介護を拒絶し、内側より戸を閉め、その後誤って転倒したものとして、Aの過失割合を3割として過失相殺をした。

6 棄却から認容事例
グループホームにおける転倒事故

グループホームにおける転倒事故につき、第1審と控訴審で判断が分かれた事例（原審・京都地裁／2006〔平成18〕年5月26日、控訴審・大阪高裁／2007〔平成19〕年3月6日）

(1) 事案

原告らは被告に対し、安全配慮義務違反を理由として債務不履行に基づき損害賠償請求をしたのに対し、第1審は被告に過失はないとして請求を棄却したが、控訴審は慰謝料等217万円につき認容した。

(2) 当事者

①利用者：A

事故当時79歳、女性。要介護3の認定を受けており、施設内の平坦な場所を、つかまりなしに独立歩行が可能で、かつこれまで独立歩行による転倒事故は一度もなかった。

②原告：Aの子3名

③被告：グループホームを経営している株式会社

介護保険の適用事業所として痴呆の高齢者および初期痴呆により痴呆状態にある者、痴呆であっても別の病気により入院治療を必要としない者を対象とする痴呆対応型共同生活施設である。

(3) 事実関係

①事実経過

・2000（平成12）年8月7日、Aは被告と痴呆対応型共同生活介護利

用契約を締結し同年9月1日、本件施設（グループホーム）に入所した。

・2001（平成13）年12月12日に本件事故が発生し、Aは右大腿骨頸部骨折の傷害を負い翌13日に入院。その後入退院を繰り返すようになり、2004（平成16）年1月12日に多発性脳梗塞を直接死因として死亡。

②事故状況

・当日午後2時40分頃、職員BはAを入浴させるため、手を引いて階段を上がった。途中、職員BはAに対しトイレに行くかどうかを尋ねたが、Aは行くとは答えなかった。

・職員Bは湯温の確認等をするためAをリビングの椅子に座らせ、1人で待機させた。

・職員Bがリビングの横に位置する浴室および脱衣所で湯温の確認や目視によるチェック等をして戻ろうとしたところ、Aはその間にトイレに行こうと1人で歩き出し、トイレ前で転倒した。

（4）第1審の過失についての判断

①過失の前提となる事実

・職員Bが湯温の確認等のため椅子に座っているAの下から離れて本件事故が発生するまでには、せいぜい10数秒～2、30秒であったこと。

・グループホームに法令上要求されている職員数の基準は、入所者3名に対して職員1名以上、夜間および深夜は1単位（9名まで）ごとに職員1名以上とされている（介護保険法第74条1項、指定居宅サービス等の事業の人員、設備及び運営に関する基準第157条1項）ところ、本件施設は2単位で構成され入所者を14名までとするグループホームで日中は職員5名が配置されており、基準に沿っていたこと。

・Aの「障害老人の日常生活自立度」はA1（介助により外出し、日中はほとんどベッドから離れて生活している）であり、「痴呆性老人の日常生活自立度」がⅢA(日中を中心として日常生活に支障を来たすような症状・行動や意思疎通の困難さが見られ、介護を必要とするが、一時も目を離せない状態ではない)であったこと。

・Aは、2001(平成13)年6月頃には症状が安定し、同年10月12日にはAに対する介助量が増大しているとの医師の診断もあったが、その後は特段の異常は生じていなかったこと。

・Aがいた本件リビングの床は平坦であったこと。

②過失についての判断

「10数秒ないし2、30秒の間でも、椅子に座っているAから目を離してはならないという法的義務が職員Bや被告にあったとは認め難い(仮にかかる法的義務を認めるとすれば、グループホームの運営に関して著しく加重な義務が課されていることとなり、グループホームが同様の状態にある高齢者の引受けを躊躇《ちゅうちょ》する事態も生じかねないといえる)」とした。

③控訴審の過失についての判断

1)過失の前提となる事実

・本件事故は、通常と異なるAの能力を超えた歩行態様と歩行を誘導した動因が原因であり、常々指摘されていたAの常と異なる不安定歩行の危険性が現実化して転倒に結びついたものであること。

・本件事故当時、Aは痴呆の中核症状のみならず周辺症状も出現していたことから、多数の入居者とともに静穏に過ごしていた1階食堂から1人離れて本件リビングに誘導されるという場面転回による症状動揺の可能性があったこと。

・Aには、頻繁にトイレに行き来する行動傾向があり、Aが待機指示を理解できず、急に不穏行動や次の行動に移ることは容易に推測が可能な状況にあったこと。

・Aについては、通常と異なる不安定歩行に伴う転倒の危険があると常々医師らに指摘されていたこと。

2)過失についての判断

・「指定痴呆対応型共同生活施設(グループホーム)は、比較的安定状態にある認知症高齢者が少人数かつ家庭的な環境の中で共同生活を送りながら日常生活上の世話を受けたり機能訓練を行う施設であり、医療ケアと介護が必要となる者を対象とする介護老人保健施設、心身の障害で常時介護を要する者を対象とする介護老人福祉施設とは異なる」としながらも、グループホームも「家族と離れた痴呆症の高齢者を24時間受け入れ、介護その他の援助を提供する施設であることには変わりない」として、本件契約の「債務の本旨に包含されないとしても、本件契約に信義則上付随する義務として、転倒による受傷等から居住者の安全を守るべき基本的は安全配慮義務がある」として、契約に付随する安全配慮義務を認めた。

・職員としては「Aの元を離れることについて、せめてAが本件リビングに着座したまま落ち着いて待機指示を守れるか否か、仮に歩行を開始したとしてもそれが常と変わらぬ歩行態様を維持し、独歩に委ねても差し支えないか否か等の見通しだけは事前確認すべき注意義務があったというべきであり、それ自体は、通常の本件施設における見守り（安全確認）と異なる高度な注意義務を設定するものとはいえない（もとより回避可能性を否定すべき事情もない）」として、具体的な注意義務を認定し、「本件施設職員には、Aの上記のような特変の有無を確認すべき注意義務があったのに、これを怠った」として過失を認定した。

（5）死亡との因果関係について

事故から約2年後に多発性脳梗塞を理由に死亡したことにつき、本件事故と死亡との因果関係は否定し、死亡についての損害賠償は認めなかった。

問題1　裁判例の内容について、適切なものを1つ選びなさい。

①利用者が施設の敷地外で転倒した場合には、施設側が損害賠償責任を負うことはない(一部認容事例①、71ページ)。

②介護施設は、施設建物・設備の構造についても、入所者の移動ないし施設利用等に際して、身体上の危険が生じないような構造とすべき不法行為上の注意義務を負っている(認容事例、62ページ)。

③意思能力に問題のない要介護者が、介護拒絶の意思を示した場合、介護の専門知識を有すべき介護義務者は、要介護者に対し、介護を受けない場合の危険性とその危険を回避するための介護の必要性とを、専門的見地から意を尽くして説明して介護を受けるよう説得し、それでもなお要介護者が真摯な介護拒絶の態度を示した場合であっても、介護義務は免れない(一部認容事例③、79ページ)。

解答 1

②

解説 1

①×：一部認容事例①（71ページ参照、東京地裁／2003〔平成15〕年3月20日判決）は、送迎時施設外で発生した転倒事故の責任について、施設と利用者は、診療契約と送迎契約が一体となった契約を締結している以上、信義則上の義務として、送迎に際し、利用者の生命及び身体の安全を確保すべき義務を負っており、施設外で発生した事故であっても責任を負うと判断しています。したがって、施設は、施設外で発生した事故であっても契約内容及び事故状況に照らし、不法行為責任を問われる場合があります。

②○：認容事例（62ページ参照、福島地裁白河支部／2003〔平成15〕年6月3日判決）は、当該施設が身体機能の劣った状態にある要介護老人の入所施設である以上、利用に際して利用者の身体上の危険が生じないような建物構造・設備構造が特に求められており、現に入所者が出入りする可能性のある場所が、転倒等の危険を生じさせる形状の設備であれば、それは民法第717条の「土地工作物の設置又は保存の瑕疵」に該当し、同条による責任を負うと判断しています。したがって、施設は、施設建物・設備の構造についても注意義務を負っています。

③×：一部認容事例③（79ページ参照、横浜地裁／2005〔平成17〕年3月22日判決）は、要介護者に対して介護義務を負う者が、意思能力に問題のない要介護者が介護拒絶の意思を示した場合に、要介護者に対し、介護を受けない場合の危険性とその危険性を回避するための介護の必要性とを専門的見地から意を尽くして説明し、介護を受けるよう説得し、それでもなお要介護者が真摯な介護拒絶の態度を示したような場合には、介護義務を免れる場合もあるとしています。

第6章

介護事故の判例③
その他不慮の事故

1 認容事例　紙おむつの誤嚥による死亡事故

2 一部認容事例①　失語症のある認知症患者の行方不明事故

3 一部認容事例②　特養での転落事故

※本章では、判決当時に使用した痴呆などの表現をそのまま掲載しています。

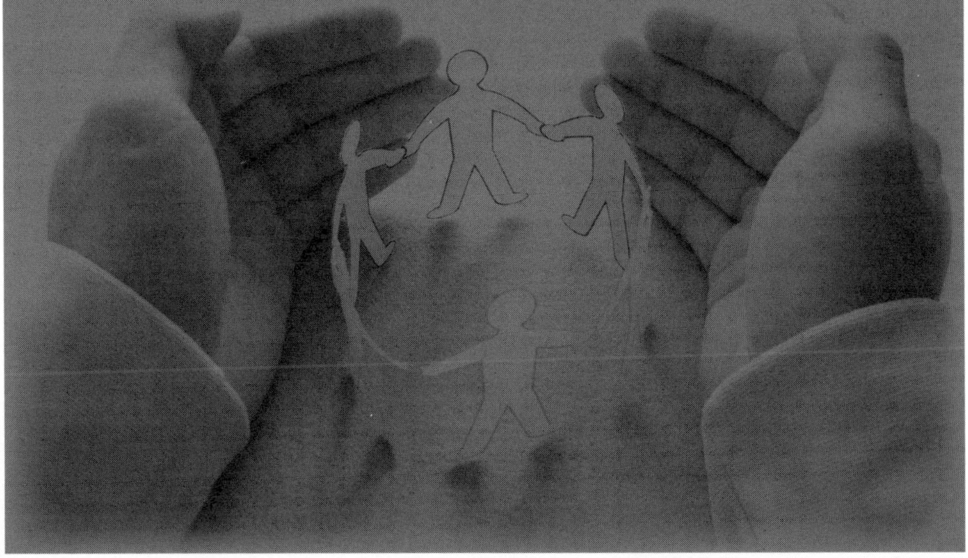

1 認容事例
紙おむつの誤嚥による死亡事故

特別養護老人ホームにおいて認知症の利用者が、紙おむつを誤嚥し、死亡した事例（さいたま地裁／2011〔平成23〕年2月4日判決）

(1) 事案

原告ら3名は被告に対し、主位的に不法行為、予備的に債務不履行に基づき慰謝料等合計2,410万9,285円を請求したのに対し、裁判所は被告の過失を認定し、慰謝料等1,770万円につき認容した。

(2) 当事者

①利用者：A

事故当時、78歳、女性。認知症を発症しており、異食癖があった。

②原告：Aの子

③被告：特別養護老人ホームを設置経営する者

(3) 事実関係

①事実経過

・Aは、1995（平成7）年頃、多発性脳梗塞を発症し、その後認知症の症状が現れたため本件特別養護老人ホームのデイサービスやショートステイを利用していた。

・2004（平成16）年2月1日、Aと被告は、本件施設に長期入所し、その居室および共同施設等を利用して生活するとともに被告が提供する介護老人福祉施設サービス等を利用すること等を内容とする介護老人福祉施設利用契約を締結し、同日本件施設に入所。
・2005（平成17）年6月11日、Aは疥癬《かいせん》と診断され、他の入所者への感染を防止するため、相部屋から個室に変更。
・同月20日、居室内において本件事故が発生し、同日午後6時42分、Aは窒息により死亡。

②事故状況

・2005（平成17）年6月11日午後5時45分頃、職員がAの居室を訪れたところ、Aが身につけていた介護服の下肢部分が開いており、紙おむつが破れているような状況で、さらに、Aの口の中には何かが詰まっている様子だったので、同職員は看護師を呼びに行った。
・看護師が居室に駆け付けたところ、Aの口の中からちぎれた紙おむつ等があふれていたので、応援を呼ぶとともに口からこれらをかき出し心臓マッサージを実施。このときすでにAの脈や呼吸は停止していた。午後5時46分に119番通報がされ、同52分には救急隊が到着しAは病院に搬送されたが、午後6時42分、Aは窒息により死亡。

（4）過失についての判断

①過失判断の前提となる事実

・被告は、本件施設の入所者であるAに対し安全配慮義務を負っていたこと。
・Aは、ショートステイ利用時からおむつを外したり尿取りパッド、紙パンツ等をちぎったり、それを口に入れることがあったこと。
・本件施設に長期入所後はおむつ等をちぎったりすることが頻繁にあった。また20回以上にわたり尿取りパッド、おむつ、紙パンツ、ガーゼ、薬の袋、便、湿布等を口に入れるという異食行為があったこと。
・異食行為があることから、本件施設ではAには原則として布おむつを使用していたが、皮膚の状態が悪いときには紙おむつを使用しており、2004（平成16）年6月11日に疥癬に感染してからは、紙おむつを使用していたこと。

・個室の入所者に対して一定の時間に巡視するという体制はとられておらず、1時間から1時間半程度の間隔が開くこともあったこと。

・介護服は、身体全体を覆うもので2カ所にファスナーがあるが、専用のフックを使用しない限りファスナーを開けることはできない。介護服のファスナーが完全に閉められていたとすれば、ファスナーを開けて紙おむつ等を取り出すことができない構造となっており、完全に閉じた状態のファスナーをAがこじ開けた可能性は低いこと。

・Aが介護服の下に着用していた紙おむつ等を取り出すことができたのは、ファスナーの閉め方が不十分か故障していて容易に開く状況にあったか、介護服が破れていたといった介護服の使用方法が不適切であったことが原因である蓋然性が高いこと。

・本件事故は、介護服の使用方法が不適切であったことを原因として発生したものと推認できること。

②過失についての判断

1）紙おむつではなく布おむつを使用させるべき義務があったか

Aに紙おむつ等の異食行為の危険があり、その場合には重大な結果が生ずることを被告が認識していたとしても、疥癬の感染に対応する必要性があった以上、Aに対する紙おむつ使用の措置はやむを得ず、この点については被告に過失はない。

2）紙おむつ等を取り出すことがないよう万全の措置を講ずる注意義務について

本件事故当時、Aは紙おむつ等をちぎって口に入れるといった異食行為を繰り返しており、これによって同人が窒息死に至ることがあることも具体的に予見される状況にあった。同人との間の介護老人福祉施設利用契約に基づき同人に対し介護等のサービスを提供すべき義務を負っていた被告においては、介護服を着用させるに当たってはこれを適切に使用すること、すなわち、故障劣化がないかどうかを点検して、そのような不具合のない介護服を着用させ、ファスナーを完全に閉じることによって、Aが紙おむつ等を取り出すことがないよう万全の措置を講ずる注意義務を負っていた。

被告はこの注意義務を怠り、介護服を適切に使用せず、そのために本件事故に至ったものであるから、不法行為に基づきAの死亡によって生じた損害を賠償すべき責任を負う。

2 一部認容事例①
失語症のある認知症患者の行方不明事故

デイサービス利用中、失語症を伴う重度の老人性痴呆症である利用者が施設の窓から脱出し、そのまま行方不明となり1カ月後に遺体で発見された事例（静岡地裁浜松支部／2001〔平成13〕年9月25日）

（1）事案

原告ら4名は被告に対し、慰謝料等4,663万5,612円を請求したのに対し、裁判所は、被告には失踪につき過失があるとして慰謝料等284万9,000円につき認容したが、死亡との因果関係については否定した。

（2）当事者

①利用者：A

失語症を伴う重度の老人性痴呆症の男性。健脚で歩行に不自由はなく、徘徊をしたことはなかった。

②原告：Aの妻と子ら4名

③被告：老人デイサービスセンターの設置および受託経営等の社会福祉事業を行うことを目的とする社会福祉法人

（3）事実関係

①事実経過

・1997（平成9）年4月30日、Aは本件施設を参観訪問した後、同年5月2日から週2回通所してデイサービスを受けるようになった。

・同月21日、Aは施設の窓から脱出し、そのまま行方不明となった。そして1カ月後の同年6月21日午前4時40分頃、施設からはるか離れた砂浜に遺体となって打ち上げられているのを発見された。

②事故状況

・Aが本件施設を脱出した当日のデイサービス利用者は男性4名、女性5名で、職員は2名であった。

・午前10時50分頃、Aは入浴を終えて遊戯室に戻った。Aは、入浴サービス中は落ち着いていたが、遊戯室に戻ると他の利用者を意識してだんだん落着きがなくなった。Aは席を離れて遊戯室を出て靴を取りに行くなど何度も玄関へ行き、その都度、職員Gに誘導されて遊戯室に戻っていた。

・午前11時40分頃、職員Gが女性利用者2名をトイレに連れて行こうとすると、Aが廊下にいたので遊戯室に連れ戻したが、再び廊下北側の柱のところにAが立っているのを見掛けたため、遊戯室に戻るように促した。

・職員Gは女性2名を便座に掛けさせて、Aを見掛けてから1、2分程度後に廊下に戻ったところAの姿はなく、館内を探したが発見できなかった。

・Aの失踪時、北側玄関および裏口が開いた形跡はなく、また靴箱にAの靴はなく、1階廊下の窓の網戸(当時窓ガラスは開けられ、サッシ網戸が閉められていた)のうち1つが開いた状態となっていることが発見された。

・窓の高さは84cm程度で、他の網戸はすべて閉まっていたことから、Aは靴箱から自分の靴を取ってきて窓に上り、そこから飛び降りて外に出たものと推測される。

(4) 過失ついての判断

①前提となる事実

・Aは、失語を伴う重度の老人性痴呆と診断されており、被告はこれを把握していたこと。

・Aには、多人数でいると緊張して冷や汗をかき、ほとんどしゃべれなくなる、不安定になり帰宅したがる、廊下をうろうろする等の兆候があり、被告はこれを把握していたこと。
・失語を伴う重度の老人性痴呆と診断されているAが単独で施設外に出れば、自力で施設または自宅に戻ることは困難であり、また人の助けを得ることも困難であると考えられること。
・Aは、失踪直前に靴を取ってこようとしたり、廊下でうろうろしたりしており、職員がこれを目撃していること。
・Aは身体的には健康な痴呆性老人であったこと。
・窓の高さは84cm程度であったこと。

②過失についての判断

・上記各事実に照らせば、職員らはAが施設を出ていくことを予見できたし、Aのような身体的には健康な痴呆性老人が84cm程度の高さの施錠していない窓から脱出することは予見できたとして、本件事故は予見可能であったとし、被告には本件事故当時「Aの行動を注視して、施設から脱出しないようにするという具体的な注意義務があった」と判断した。
・そして「当日の被告施設におけるデイサービス利用者を担当していた職員は2名のみで、1名は入浴サービスに従事しており、他の1名は要トイレ介助の女性2名をトイレに連れて行き、Aを注視する者はいなかったのであり、それによりAは窓から脱出し、そのまま行方不明となったのだから、被告は上記注意義務に違反しており、Aの失踪につき過失がある」と判断した。

(5)備考

被告の「法令に定められた適正な人員の中でサービスを実施するものであり、過失はない」との主張に対して裁判所は、「2名の職員で男性4名、女性5名の合計9名の痴呆老人を介助し、入浴サービスに連れて行ったり、要トイレ介助の女性をトイレに連れて行ったりするかたわら、Aの挙動も注視しなければならないのは過大な負担であるが、これをもって回避の可能性がないということはできない」「法令等に定められた人員で定められたサービスを提供するとサービスに従事している者にとって過大な負担となるような場合であっても、サービスに従事している者の注意義務が軽減されるものではない」との判断を示している。

(6) 死亡との因果関係について

被告職員の過失と死亡との相当因果関係については、「失踪後死亡までの経緯はまったく不明であり、Ａは事理弁識能力を喪失していたわけではなく、知った道であれば自力で帰宅できていたこと、身体的にも健康であったことから、自らの生命身体におよぶ危険から身を守る能力まで喪失していたとは認められない。したがってＡの失踪から直ちに同人の死を予見できるとは認め難く、職員の過失とＡとの間の相当因果関係を認めることはできない」とした。

3 一部認容事例②
特養での転落事故

特別養護老人ホームにおける、ベッドからの転落、死亡事例
(東京地裁／2011〔平成23〕年6月14日)

(1) 事案

原告は、被告に対し、不法行為に基づき、慰謝料等1,248万7,679円を請求したのに対し、裁判所は事故から死亡までの入通院すべてまでは事故との相当因果関係が認められないとして、慰謝料等合計65万6,750円につき認容した。

(2) 当事者

①利用者：A

事故当時97歳、男性、要介護5。

②原告：Aの妻と子ら3名

③被告：特別養護老人ホームの経営、老人デイサービスセンターの経営等の事業を行うことを目的として設立された社会福祉法人

(3) 事実関係

①事実経過

・Aは、2006(平成18)年3月24日から同年4月11日まで、および同年5月1日から同月31日まで、短期入所生活介護サービス(ショートステイサービス)を利用した。

・2006(平成18)年5月31日、本件事故発生。その後入通院を繰り返したが、2007(平成19)年7月8日死亡。

②事故状況

Aは、2006(平成18)年5月31日午前11時40分頃、入所していた本件施設の居室において、Aが寝ていた同居室のベッドから床に転落した。本件事故により、Aは顔面左眉付近に約5cmの裂傷を負った。

(4)過失についての判断

①過失の前提となる事実

・被告が本件事故前に作成した「ショートステイ　ADL経過表」には、Aについて、「徘徊」こそ「無」とされているものの、「痴呆」は「あり」、「移動介助」は「全介助」、「立位」は「不可」、「留意事項」として「転落注意」、「特記」として「夜間ベッド上で多動、柵はずし、転倒あり」および「フットセンサー使用・3本柵」との記載があること。

・被告が本件事故後に作成した「介護保険事業者　事故報告書」には、「ベッド上で動き転落の危険(自宅でもあったので)があるので、フットセンサーを設置していたが、間に合わなかった」との記載があること。

・本件事故の発生当時、Aは97歳と非常に高齢であったこと。

・本件施設内のベッド横辺に手すり状のベッド柵を2本ずつ設置することができ、ベッド柵を4本設置するとベッド横辺はベッド柵で覆われることになるが、ベッド柵を3本設置してもベッド横辺の片側は半分以上ベッド柵がない状態であるから、ベッド上で身体を動かせば、ベッド横辺の片側から容易に床に転落しやすい状況であったこと。

・ベッド柵の高さは、上体を起こすなどの動きによってはベッド柵を越えて転落する危険性もあり得る程度に低いこと。

・上記事実によれば、Aは、本件ベッド上で動いた際に、ベッド横辺のベッド柵のない箇所から床に転落し、あるいはベッド柵につかまって上体を乗り出すなどの動きをしてベッド柵を越えて転落し、骨折等の重大な傷害を負う危険性が高かったといえること。

・被告は、上記危険性について認識していたこと。

②過失についての判断

・裁判所は、上記認定事実によれば、「被告は、Aの転倒、転落の危険を防止するための措置をとるべき義務を負っていたものと認められ、その一手段として、体動センサーを設置して未然に転落を防ぐ方策をとるべき義務があった」として、被告の注意義務を認定し、同注意義務を怠ったものとして、被告の過失を認定した。

・被告の「本件施設には体動センサーが8個程度しかなく、転倒、転落の可能性が高い利用者に優先して使用すべきであるところ、Aは、転倒、転落の可能性が上位8名に入るほどではなかった」との主張に対しては、「Aの転倒、転落の危険性が高かったこと、被告もそのことを認識していたのであるから、Aの転倒、転落の危険防止のため、他の十分な対策を行っていたのであればともかく、このような対策をとっていない以上は、体動センサーを設置して未然に転落する方策をとる義務を負っていた」として否定した。

(5)損害との因果関係について

裁判所は、本件裂傷のための治療については因果関係を認めたが、2006(平成18)年7月4日以降の入通院については、それぞれDIC、摂食嚥下障害、嚥下性肺炎のためであるとして事故との因果関係を否定した。

また、原告は「Aは、本件事故によって定期的に関節可動域訓練を行う必要が生じ、マッサージ師を呼んで整体を行わせたが、その整体によって内出血が生じた結果、急性DICを発症し、急性DICにより嚥下障害を生じ、これに対し被告が十分な対処をしなかったため、誤嚥性肺炎を発症したものであるから、死亡に至るまでのすべての入通院について因果関係が認められる」と主張したが、裁判所は「Aは、もともと移動は全介助で立位はできないうえ、本件事故の約半月前には10日間、高熱を発症して入院していたという身体状況にあったこと、本件事故により被った傷害は顔面の裂傷であったことに照らせば、本件事故の前後において、本件事故の結果、Aの関節可動域に変化が生じ、関節可動域訓練を施す必要性が生じたとは認められない」として、この点についても因果関係を否定した。

第7章

実体法

1 債務不履行責任
2 不法行為責任
3 使用者責任～不法行為責任の特則
4 土地工作物責任～不法行為責任の特則
5 刑事上の責任
6 行政上の責任

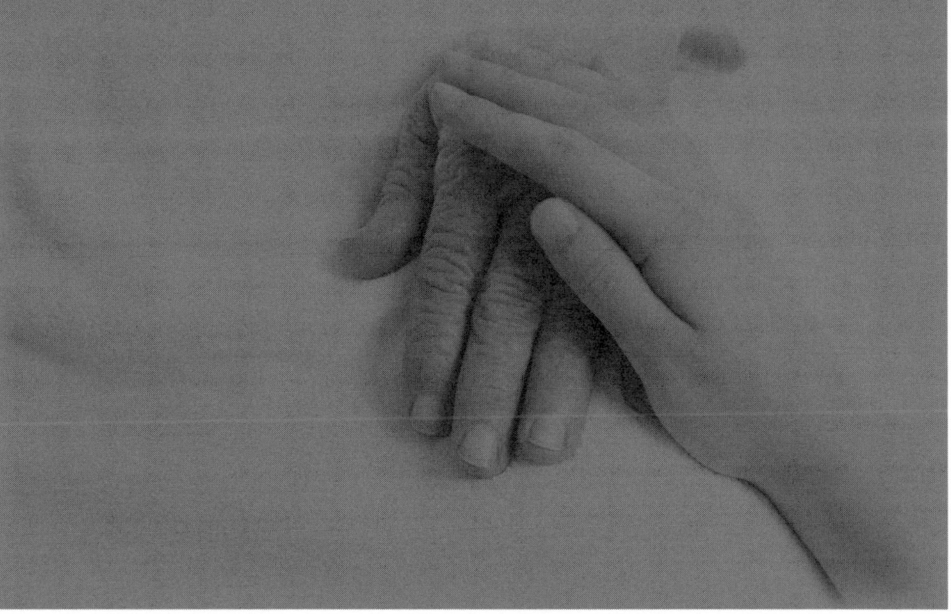

1 債務不履行責任

1 概要

介護事故において、介護事業者が負う可能性のある民事上の責任としては、大きく分けて「債務不履行責任」と「不法行為責任」になります。

本節では、債務不履行責任の成立するための要件と、その効果等について見ていきます。

2 債務不履行責任の成立

(1) 債務不履行責任とは

「債務不履行責任」とは、「ア:『債務者』がイ:『その債務の本旨に従った履行をしないとき』は、債権者は、ウ:『これによって生じた』エ:『損害の賠償』を請求することができる」(民法第415条)というものです。

(2) ア「債務者」

ある者が特定の者に対し一定の財産上の行為を請求することができる権利を「債権」といい、これを請求することができる者を「債権者」といいます。他方、一定の行為の請求に応じる義務を「債務」といいます。そして、債務を負担している者を「債務者」といいます。

(3) イ「債務の本旨に従って履行をしないとき」

債務不履行責任の根拠である「債務の本旨に従って履行をしないと

き」とは、契約によって「あるべき状態」と「現実の状態」が異なる場合を指します。「あるべき状態」が具体的にどういう状態かは、その契約における当事者の意思に基づき判断することになります。

図表7-1●介護事業者の法的責任

契約責任による法的構成

債務不履行責任　～安全配慮義務
事業者は、介護サービスの提供だけでなく、その提供に当たり、被介護者の生命、身体等が侵害されないように配慮する義務を負う。

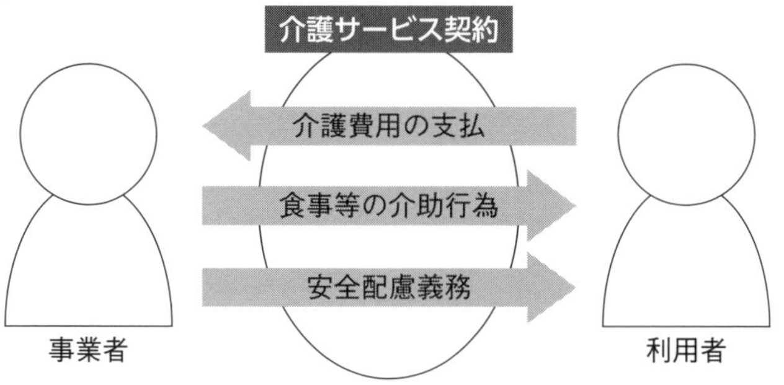

著者作成

①サービス提供義務～介護契約から導かれる債務の内容

1）事業者と利用者との間で介護サービス契約を締結した場合

まず、事業者は利用者に対し、契約に定められた内容に従い食事、入浴、排泄等の介助をする義務を負います。週に2回入浴介助するという内容であれば、週に2回設備を用意して利用者の入浴を介助しなければなりません。

かかる契約は、介護保険法の適用サービスに限定されません。介護保険の適用外サービス（レクリエーションや美容・理容サービス等）について契約したのであれば、事業者はその契約に基づき必要な場所、必要な道具等を用意し、サービスを提供する義務を負います。

2）提供するサービスの量的な問題

サービス提供について、本来2回のところを1回しか行わなかったといった問題であれば、債務が予定している「あるべき状態」と「現実の状態」に違いがあるといえ、「債務の本旨に従った履行」とはいえないことになります。

3) サービス提供義務に違反した場合に責任を認めた事例

約定された債務を履行しなかったことにより介護事故が発生した例としては、62ページの転倒事故認容事例（福島地裁白河支部／2003〔平成15〕年6月3日判決）があります。同判決では、事業者が契約上介護ケアサービスの内容として入所者のポータブルトイレの清掃を定時に行うべき義務があったにもかかわらず、これを怠ったため責任が肯定されています。

②安全配慮義務～介護契約によって生じる債務の内容

1) 安全配慮義務

事業者の債務は、単にサービスを提供するというだけではありません。例えば、歩行が困難な利用者が立ち上がろうとしたとします。このとき事業者は、利用者が危険な状態を認識しながら、歩行介助の契約がないことを理由にそのまま放置してよいでしょうか。よくないというのは、明白です。ではなぜよくないのでしょう。

それは、(a)介護サービスが、要介護者の生命・身体に密接に関わるサービスであること、(b)利用者と事業者が契約という特別な関係にあることから、介護契約を締結した事業者には「介護サービスを提供するに当たり利用者の生命・身体・安全に配慮しなければならない義務」が生じるからです。

このような義務を、一般に「安全配慮義務」といいます。安全配慮義務は契約書に記載がなくても当然に認められます。介護契約を締結した利用者は、安全に配慮してもらえることを期待し、事業者としてもその期待に応えるべき責務を負うと考えられるからです。また、契約書において安全配慮義務を負わないと規定しても、そのような規定は無効であると考えられます。

2) 安全配慮義務違反を理由に責任を認めた事例

裁判例においては、個々の具体的なサービスの不履行より、むしろ安全配慮義務違反が問題とされます。安全配慮義務は個々の具体的契約条項によるサービス提供債務ではなく、提供債務とはレベルを異にする一般的な義務であり、責任を基礎付けやすいからです。

例えば、79ページの転倒事故一部認容事例③（横浜地裁／2005〔平成17〕年3月22日判決）では、「通所介護契約上、介護サービスの提供を受ける者の心身の状態を的確に把握し、施設利用に伴う転倒等の事故を防止する安全配慮義務を負い」「送迎時や原告が本件施設内にいる間、原告が転倒することを防止するため、原告の歩行時において、安全の確保がされている場合等特段の事情のない限り常に歩行介護する義務を負っていた」と認定しています。

3）安全配慮義務の内容

前述のような安全配慮義務も、事業者の「債務」に位置付けられます。その結果、かかる義務に違反した場合には債務不履行責任を負うことになります。

安全配慮義務の内容は、介護保険その他関連法令の趣旨を反映した契約当事者の合理的意思を探求し、あるべき介護状態がどのようなものかを評価して決定することになります。「歩行困難な利用者が立ち上がろうとしているときは、近くで見守りをしながら転倒を防止できるような人員を配置する」といった具合です。

ただし、安全配慮義務といえども利用者の「安全」を保証するものではありません。利用者がけがをした場合、その結果が発生したことを理由に「安全」が侵害されたとして責任が肯定されるのではなく、その結果発生に至る過程において適切な行動を取っていたかどうかが問題になります。この点は「診療契約などにおいて医療水準にあった治療を施す義務はあるが確実に治すといった結果を保証する義務はない」という点と似ています。

（4）エ「損害の発生」

債務の不履行がなされたとしても、債務者は常に責任を負うわけではなく、損害が発生した場合に初めて責任を負います。例えば、施設内で転倒しそうな高齢者をそのまま放置していたが事故にならなかった場合は、法律上賠償をする責任はありません。

言い換えれば、結果が発生してしまった場合に「従前の介護状況と同様である」ことは責任を否定する理由になり得ません。重要なのは、施設における介護状況があるべき状態にあるか否かです。「従前の介護状況」が契約上あるべき状態になかったとすれば、それを改めるべきであったということに過ぎないのです。

(5) ウ「これによって生じた」～因果関係

①因果関係とは

前述のように、事業者が債務に違反し利用者に損害が発生したとしても、無限定に責任を負うわけではありません。“風が吹けば桶屋が儲かる”のようになってしまっては、責任が無限定に広がるおそれがあります。そのため債務者は、債務不履行とそれによる結果との間に相当因果関係がある場合に限り責任を負うこととされています。

②因果関係が認められない場合

例えば、歩行の介助を怠り利用者が転倒し足を骨折したところ、入院先で火事にあい火傷《やけど》を負った場合を考えてみましょう。確かに、利用者が骨折をしなければ入院することもなく、入院先で火事に巻き込まれることもなかったでしょう。しかし、利用者の火傷は歩行の介助

Column 事故前に見直せるか

本節では債務不履行責任について、契約から導かれる債務はどのようなものかを見てきました。ところで、109ページの「(4) 損害の発生」にもあるとおり、従前の介助が「あるべき状態」にない、すなわち安全配慮義務に違反している状態であっても事故が発生しなければ、従前の取り扱いを改める契機にはならないのが実情です。

事故が発生し責任を追及されるときに、債務に違反していたと気付くことになります。事業者としては、事故が発生したときに初めて介護状況を把握するのではなく、事故が発生する前から「平均的な施設として利用者の生命・身体の安全に配慮する設備作りができているか」という視点に立つことが重要です。

を怠ったことが原因で通常発生するものではありません。

このような偶然性の高い火傷まで責任を負わせるのでは、いくら何でも事業者に酷といえます。このような場合には「因果関係はない」と判断され、責任を負いません。

③因果関係を否定した事例

84ページの転倒事故棄却から認容事例（大阪高裁／2007〔平成19〕年3月6日判決）があります。

これは、利用者が転倒し骨折したことにより入院を余儀なくされ、多発性脳梗塞を直接の死因として2年後に死去した事例です。裁判所は、「本件事故が2年あまりの長きにわたる入院治療のきっかけとなった…（中略）…が、本件事故以後における転倒、胃潰瘍、うっ血性心不全、髄膜腫、認知症の亢進、嚥下傷害による窒息等々をすべて骨折に帰責するには、生体を取り巻くあまりにも複雑な要素が交錯混在しており、骨折と死亡との間の相当因果関係までは首肯できないというほかない」と判示しました。

すなわち自然的な流れとしては、骨折によって入院し廃用症候群等が進む中で種々の諸症状を併発することはあり得るが、加害者側の責任として利用者の死亡まで責任を負わせるのは妥当でないと判断したのです。

このように、因果関係には、損害の妥当な範囲を定める調整機能を有しているといえます。

（6）債務者の責めに帰すべき事由

債務不履行責任の発生には、債務者の責めに帰すべき事由が必要であると考えられています。例えば、天災等の不可抗力によって給付ができなかった場合にまで債務者に責任を負わせるのは酷といえるからです。ただし、その事実は債務者側で立証しなければなりません。債務があればそれを履行するのが原則であり、債務の履行を免れる特別な理由は、例外的な場面と考えられるからです。

3 債務不履行責任の効果

(1) 金銭賠償の原則～回復は金銭で

債務不履行責任が成立した場合、債務者は損害を賠償する義務を負います。損害を賠償する方法は、原則として金銭によります(民法第417条)。

利用者がけがをした場合、そのけががなかったように回復させることは不可能です。痛い思いをした利用者に痛い思いがなかったことにすることも不可能です。そのため民法では、損害については原則として金銭に評価して、損害を賠償することが予定されているのです。

慰謝料がいくらといった話を聞くことは多いでしょう。これも精神的な苦痛を金銭に評価して決めているのです。

(2) 過失相殺制度～公平な分担

過失相殺とは、生じた損害について被害者側にもその一部を負担させるというものです。被害者に何らかの損害が生じた場合であっても被害者側にも落ち度があった場合、その責任をすべて加害者に押しつけるのは、公平とはいえません。そこで、損害を公平に分担させるため過失相殺として一定の損害を被害者側に負担させ、加害者の責任を限定することができます(民法第418条)。

介護事故においては利用者自身の行為や不注意が一因となっていることもあります。そのため、裁判例でもこの過失相殺をされている事例が多くあります。例えば、71ページの転倒事故一部認容事例①(東京地裁/2003〔平成15〕年3月20日判決)においては「本件事故は、まずもってA自身の不注意によって生じたものと解さざるを得ない」として、4割の損害についてのみ事業者に責任を負わせています。

Column 慰謝料の調整機能

慰謝料については諸般の事情を考慮して妥当な金額を示せばよく、その算定の数字的な根拠を示す必要はないとされています。

この点、交通事故においては慰謝料額の類型化がなされています。例えば通院1カ月・入院1カ月であればだいたい77万円です。後遺障害14級の傷害を負ったならば110万円等、といった相場が公表されています。裁判官の裁量によって増減することがありますが、一般に予測できる数字となります。それは、日々いたる所で交通事故が起きているため紛争処理を迅速に解決する必要があり、交通事故は加害者にも被害者にもなり得るといった代替性があり類型化になじむからです。

他方、介護事故においては、その損害額について類型化がされているとは言い難く、金額も低額となる事例もあります。

この背景には、介護事故が一面においては利用者の元々の属性（肉体的能力の衰え等）や利用者自身の行為が原因となっていることが考慮されていると考えられます。すなわち、慰謝料の金額において損害の公平な調整を図っている側面が伺えるのです。

例えば、75ページの転倒事故一部認容事例②（福岡地裁／2003〔平成15〕年8月27日）においては、「原告は症状固定時において歩行不能であり高度の痴呆があったが、他方で、本件事故前の原告には両変形性膝関節症があり通院回数も少なくなく、その治療内容も対処療法に止まり、痛みがあるときには歩行が困難で、歩行時には杖等が必要であったこと、骨粗鬆症《こつそしょうしょう》があったこと、痴呆についても、現在は家族の顔の判別ができないが本件事故前から家族の顔が判別できないことがあったこと、本件事故前から認知能力、物忘れともに重度の障害と認定されていたこと、さらに、本件事故の原告の年齢等本件に顕れた一切の事情を考慮すれば、本件事故による後遺障害慰謝料は350万円とするのが相当である」として、原告の請求額である1,100万円を大幅に減額した金額を認定しています。

2 不法行為責任

1 概要

不法行為責任とは、「故意または過失によって他人の権利又は法律上保護される利益を侵害した者は、これによって生じた損害を賠償する責任を負う」(民法第709条) というものです。

不法行為責任のもっとも身近な例に交通事故があります。例えばAさんが前方不注意でBさんの車両を壊してしまった場合、AさんはBさんの車両について修理費等の損害を賠償する責任を負います。この根拠が不法行為責任です。具体的には、①「故意又は過失」によって、②「他人の権利又は法律上保護される利益を侵害」したこと、③これによって、④「損害が生じた」こと、の4つを満たした場合に責任が発生します。

契約関係にない者同士が共存している社会で、何ら合意がなくても他人の権利や利益を侵害した場合は損害を賠償しなければ社会が成り立ちません。これにかかる責任を根拠づけるのが不法行為責任といえます。

2 不法行為責任の成立要件

(1) 過失とは

①過失責任の原則

不法行為責任は、当事者に故意または過失があった場合に成立します。言い換えれば、ある人の行為が第三者の利益を侵害した場合であっても、過失がない限り責任を負わないことになります。合理的な行動については、責任を負わないとしなければ社会における行動の自由がなくなってしまうからです。

過失には諸説ありますが、一般には「結果予見可能性を前提とした結果回避義務違反」といわれています。「結果回避義務」とは耳慣れない言葉でしょう。社会生活を営んでいると、契約などしていなくても「してはならない」という義務や「しなければならない」という義務があることは理解できると思います。前述の交通事故の例でいえば、「制限速度を超える速度で運行してはならない」「前方を注視して運行をしなければならない」といった義務です。道路交通に限らなくても、近所に対し受忍できるレベルを超えた騒音を出してはならない等は容易に想像が付くのではないでしょうか。これらが「結果回避義務」です。

結果回避義務の前提としては「結果予見可能性」が必要と考えられています。結果予見可能性とは、悪い結果が生じるかもしれないことを具体的に予想できるか否か、ということです。予測もできない事故を回避することは不可能です。そのため、結果回避義務の前提としてこれを契機付けるだけの事項を必要とするわけです。

②過失の判断は「合理的・平均人」基準

過失を判定する場合は、個々の具体的な当事者の能力を問題としません。あくまでも社会生活を営む合理的・平均人を基準に判断します。そうしなければ、能力が低ければ低いほど、また設備不備が著しければ著しいほど防ぐことができない事故が増え、「回避できなかった」ということになってしまうからです。

ただし、個性をまったく考えないのではなく、属する地域や集団、経験、契約によって、ある程度の類型化した中で合理的・平均的な能力を探求します。同じ病院であっても、町医者に大病院のチーム医療と同じような手術を提供する義務を負わせるのは酷でしょう。介護においても介護福祉士と家族の介護とでは予想できる能力や回避できる能力に差があり、同じ義務を負わせるのは現実的ではありません。

介護事故においては、介護保険法や運営設置基準等に即した施設ないしその職員として合理的・平均的に事故を予見し、回避することができるか検討することになります。例えばバリアフリーでない施設において、利用者が段差でつまづいて転倒した事故があっても、当該施設を基準に回避できない・回避する義務を負わないと判断するのではなく、他の平均的・合理的な施設であればどうかということを検討して責任を判定するのです。

③結果回避義務は、どのような場合に負うか

1）結果回避義務の理論

結果回避義務は理論的には、(a)「損害が発生する危険性の高さ」に、(b)「損害の大きさ」を乗じたものと、(c)「損害を防ぐための義務により犠牲になる利益の大きさ」を比較して、前者が後者を上回る場合に認められます。

(a)×(b)	＞	(c)	→	回避すべき
(a)×(b)	＜	(c)	→	回避すべきとはいえない

現実的にどうやっても防ぐことができない事故のみならず、事故を回避するために犠牲となる利益が大きければ、結果回避義務がないと考えることになります。

2）介護事故における結果回避義務違反

介護事故に即して、結果回避義務違反を考えてみましょう。介護事故の場合、多くは利用者の生命・身体に影響するものですから、(b)「損害の大きさ」は大きいものといえます。

次に、転倒事故で考えた場合、利用者によっては転倒しやすい人や

自立歩行が可能な人、動静が活発な人やそうでない人、立ち上がりができる人やそうでない人など、さまざまな場合が考えられます。(a)「損害が発生する危険性の高さ」については、転倒をしやすい人が立ち上がろうと動きを見せたという場面では「転倒の確率が高い」と判断されることになるでしょう。反対に、ほとんど寝たきりの状態で起き上がりができない、あるいは動静もおとなしい人であれば、(a)については「転倒の危険性は低い」と判断できるでしょう。

(c)については、施設側の経済的なコストや利用者の自立といった点が考慮されることになります。(a)において転倒の危険が高い利用者が動き出そうとしているのであれば、施設としては当該利用者を近くで見守るといった人員配置ができるよう対策をとるべきといえます。

とはいえ、当該利用者が目の届く休憩室などの部屋にいる場合は見守りができるでしょうが、自己の居室にいる場合はどうでしょう。居室の中でも動き出す度に目を離してはならないとすれば、利用者1人に職員1人を配置し常時付き添って動くことを強いることになります。これではさすがに施設の人件費の負担が大き過ぎ、また現実的とはいえません。この場合(c)の方が大きく、結果回避義務はないと考えられるでしょう。せいぜい、居室内をバリアフリーにして転倒を防止する設備にしたり、転倒が発生したときすぐに駆けつけられる体制を整えておくといった義務に限定されるべきです。

施設の経済的なコストのみならず、利用者の自立、プライバシーなどの人権といった側面も無視できません。例えば、利用者を全員車椅子で移動させることにすれば、利用者の転倒事故は防ぐことができるでしょう。しかし、介護保険法第1条に「尊厳を保持し、その有する能力に応じ自立した日常生活を営むことができるよう」と規定があるように、介護は利用者の尊厳・自立を促すなかで提供されるべきものです。事故の発生を殊更に恐れ、利用者の自立や残存能力の活用を無視すれば、もはや介護とはいえません。つまり、転倒の危険が高いとしても車椅子の移動にさせることが、利用者の自立を妨げるのであれば、(c)の侵害される利益の方が大きいため、車椅子で移動させるという結果回避義務はないと考えることになります。

このように、利用者の自立や尊厳を考慮して責任を否定した裁判例もあります。例えば、横浜地裁の2000（平成12）年6月13日判決においては、「入所者の生活において、大きな楽しみであると容易に想像できる食事について、入所者の希望を尊重しつつ介護を行ったからといって、非難されるべき取扱いがあったとはいえない」と判示し、責任を否定しています。

（2）権利・利益の侵害と損害の額

不法行為責任は、被害者に「権利または法律上保護される利益」が侵害され、「損害」が生じることが前提です。介護事故においては、利用者の生命・身体・健康が侵害される場合を予定していますから、かかる「権利または法律上保護される利益」が侵害される場合に該当します。例えば、利用者が足を骨折する傷害を負ったというようなことです。

損害とは、「不法行為の結果として現在ある被害者の状況と不法行為がなければあったであろう被害者の状況との差額」と捉えるのが一般です。先の例では、足を骨折する傷害によって生じた治療費や治療に行くための通院費は骨折をしなければ生じなかった費用ですから、損害となります。

（3）因果関係

不法行為責任は、「過失」のある行為と、「権利・利益の侵害」、および「権利・利益の侵害」と「損害」との間の因果関係が前提になります。

前者の因果関係においては、例えば、転倒によってけがをしたが、それにより死亡することがあるかといったものです。医学的な知識などが必要となる場合は医師の証言や鑑定等が行われることもあります。介護事故においては、利用者が高齢者であることから1つのけがが他の症状を引き起こし、思わぬ結果を生じることも多々あります。そのような場合、どの範囲までが「過失」のある行為と因果関係があるのか争われることになります。

後者の因果関係においては、権利・利益が侵害された結果をどのように金額として評価するかということと相まって考えられます。

不法行為における因果関係についてはさまざまな議論があるところです。しかし、介護事故の帰責という点では、先の債務不履行で説明したとおり当該過失のある行為からどの範囲で加害者に帰責させるのが妥当かという点で判断されます。

3 不法行為責任の効果

不法行為責任が成立する場合、加害者は被害者に損害を賠償する義務を負います。原則として金銭によって賠償するのは債務不履行責任と同様です(民法第722条)。また、不法行為責任にも、損害の公平な分担のため過失相殺制度があり、この点も債務不履行責任と同様です。

(1)結果回避義務と安全配慮義務

介護事故においては、結果回避義務と安全配慮義務は、その義務の程度・内容にほとんど違いはないと考えられます。結果回避義務も安全配慮義務も、介護保険法の適用のある施設として合理的にあるべき状態を探求する点では同じといえるからです。

ただし裁判例においては、安全配慮義務の方が結果回避義務より高度な義務とした事例もあります。しかしこれには批判もあります。契約により、特に義務を追加した場合を除いて、両者の内容に差異はないと考えればよいでしょう。

(2)債務不履行責任と不法行為責任

債務不履行責任と不法行為責任の違いは、時効の期間や遺族に特別な慰謝料請求が認められるか否かといった点があります。他にも債務不履行責任は契約当事者、すなわち事業者のみが法的責任を負いますが、不法行為責任は個々の職員や施設長個人が責任を負う点で異なります。ただし、職員に不法行為責任が生じる場合、事業者は「使用者責任」（民法第715条）として職員と同様の責任を負うため、事業者から見るとほとんど違いはありません。

債務不履行責任と不法行為責任が両方成立する場合、どちらかしか請求できないといった限定はありません。裁判においては通常、両方の主張をするのが一般的です。

3 使用者責任 ～不法行為責任の特則

1 概要

使用者責任とは「ある事業のために他人を使用する者は、被用者がその事業の執行について第三者に加えた損害を賠償する責任を負う」(民法第715条1項)というものです。介護施設に即していえば、施設の職員が利用者に対して、結果回避義務を怠り不法行為責任を負う場合には、「使用する者」である事業者もその賠償責任を負うというものです。

本来、人は自己の行為についてのみ責任を負うのが原則です(自己責任の原則)。しかし、従業員は施設にとってまったくの他人ではなく、自己の活動のために使用している者です。使用者は被用者を利用して利益を上げている以上、その被用者によって生じた損害も負担するのが公平であるといった理由などから、使用者責任が認められているのです。

2 使用者責任の要件

(1)使用関係にあること

使用者責任が認められるためには、「事業のために他人を使用している」という使用関係が必要です。使用関係は、雇用した者等契約関係にある者に限定されず、事実上、指示に基づいて仕事をしているといった従属関係があれば認められています。例えば、兄が運転歴の浅い弟に運転させ、自分は助手席から指示していた場合に使用関係が認められた事例もあります。

したがって、施設において直接の雇用関係がない派遣社員やボランティア、手伝いのスタッフであっても指示をして仕事をさせている以上、当該使用関係は認められることになります。

(2) 事業の執行について生じたものであること

使用関係があったとしても、従業員がまったくのプライベートで第三者にけがを負わせてしまった場合にまで施設の責任が認められるのは妥当でありません。あくまでも使用関係にある被用者が「その事業の執行につき」損害を負わせた場合に限られます。

「事業の執行につき」といえるかどうかは、厳密に職務の範囲内といえない行為でも、その行為の外形から観察して職務の範囲内に属すると見られる場合も含まれると考えられています。

本書における介護事故は介護サービスの提供における全課程において生じた事故ですから、「事業の執行について」生じた損害となります。

(3) 被用者に不法行為が成立すること

使用者責任は、被用者において不法行為責任が成立していることを要件とするのが一般的な見解です。使用者責任が、他人である被用者の責任を被用者の代わりに負担する責任と考えるからです。

使用者責任においては、使用者側に被用者の選任・監督に過失がなければ責任を免れると規定されています(民法第715条1項但し書き)。

しかし判例上、実際に当該条項によって責任を免れることはなく、事実上死文化されています。実際、職員に何らかの過失があった場合、事業者として選任・監督に過失がないということは考えにくいことです。人員配置や教育・指導においてできるべきことがあったといえるからです。

3 使用者責任の効果

使用者責任が成立する場合、施設は実際に不法行為を行った被用者とともに、連帯して損害を賠償する責任を負います。この「連帯して」とは、1,000万円の損害が発生したときには500万円ずつではなく、それぞれが1,000万円を支払う義務を負うということです。ただし、どちらかが1,000万円を支払えば、それ以上は責任を負うことはありません。

使用者責任が成立し施設が被害者に損害を賠償した場合、不法行為を行った個々の被用者に求償することができるとされています（民法第715条3項）。

使用者責任は、あくまでも被用者（職員）の責任を肩代わりしたものと考えるため、本来不法行為責任を負うべき被用者（職員）に返還してもらうというものです。もっとも、当該求償は信義則上相当と認められる範囲に限定されると考えられています。施設が個々の職員にのみ責任を押しつけることは公平でないからです。

4 課題と展望

使用者責任ではなく、施設がその事業体として一体に活動をしている点をとらえ、その事業体自体に直接不法行為責任を認める裁判例もあります。公害事故のように、誰の行為に不法行為が成立するのか、被害者側から明らかでないことを救済するためです。介護事故においても、どの職員の過失が事故につながったのか必ずしも明らかでないのは同じといえます。もっとも、実務上は民法第709条の一般的な不法行為責任と第715条の使用者責任を合わせて主張することが多く、公刊された裁判例においては、この点を争った事例はありません。

使用者責任によった場合、理論上は施設が個々の従業員に求償しうることになります。しかし、施設は万が一の損害賠償に備えて賠償責任保険に加入していることが通常であり、かかる保険によってまかなえた分を自己の被用者に請求すること自体、妥当ではありません。

事業者としては、むしろ、当該事故を起こしてしまった従業員の心理的ケアをするなど、一緒に事故防止に取り組む姿勢が求められるべきでしょう。

4 土地工作物責任～不法行為責任の特則

1 概要

土地工作物責任とは、「土地の工作物の設置又は保存に瑕疵《かし》があることによって他人に損害を生じたときは、その工作物の占有者は、被害者に対してその損害を賠償する責任を負う」（民法第717条）というものです。人に損害を負わせるような危険なものを占有・所有している者は、その責任をも負担すべきと考えられるからです。

2 土地工作物責任の成立要件

（1）土地の工作物

土地の工作物とは「土地に接着して人工的作業が加えられたもの」を指します。例えば、施設等の建物は土地の工作物に該当します。

また、瑕疵《かし》とは「通常有すべき安全性を欠く状態のこと」を指します。土地工作物責任は無過失責任として、過失がなくても責任を負うものと考えられています。

（2）土地工作物責任の判例

土地工作物責任が問題となるのは、例えば、施設自体に段差があり安全とはいえないような場合です。裁判例では、62ページの転倒事故認容事例（福島地裁白河支部／2003〔平成15〕年6月3日判決）があります。この事例では、処理場の出入り口に高さ87mm、幅

95mmの仕切りがあることが、身体機能の劣った状態にある要介護老人の入所施設である特質に照らして転倒の危険を生じさせる設備であり、「瑕疵」があるとされております。

(3)瑕疵の判断

一般の不法行為においては、合理的・平均的な人を基準としてあるべき状態にない義務違反を過失として捉えてきました。他方、土地工作物責任においては、「瑕疵」の判断の中で、施設として平均的・合理的に有すべき安全性があるか否かが検討されることになります。ただし、施設において安全性を欠く設備がある場合、安全配慮義務や結果回避義務を肯定する要素にもなり得ます。

75ページの転倒事故一部認容事例②(福岡地裁／2003〔平成15〕年8月27日判決)においては、静養室との間の40cmの段差があることを、「転落するおそれもあったと言わざるを得ない」として、安全配慮義務違反を判断するに当たり、設備の危険性を考慮しています。

3 課題と考察

土地工作物責任は「工作物」たる施設それ自体の安全性のみを問題とするため、利用者の危険性や人員の配置不足、見守り状況の悪さ等を合わせて主張する場合は不法行為責任や債務不履行責任を追及されることが多くなります。

土地工作物責任を負う以上、施設を構える事業者としては通常有すべき安全性として、設置基準(例えば、常夜灯の設置や廊下における手すりの設置等)を満たすことは最低限必要となります。のみならず、設置基準を超えて、転倒してもケガをしない、または軽減できるよう床にクッション剤を使用したりバリアフリーにしたりするなど、ハード面での安全管理を徹底することが求められるでしょう。

5 刑事上の責任

1 概要
～業務上過失致死傷罪

介護事故において問題となり得る責任として、業務上過失致死傷罪があります。業務上過失致死傷罪とは、「業務上必要な注意を怠り、よって人を死傷させた者は、五年以下の懲役若しくは禁錮又は百万円以下の罰金に処する。」(刑法第211条1項)というものです。

2 業務上過失致死傷罪の成立要件

(1)「業務上」

「業務上」とは、人が社会生活上の地位に基づき反復継続して行う行為であり、かつその行為が他人の生命身体等に危害を加えるおそれのあることを指します。また、人の生命・身体の危険を防止することを義務内容とする業務も含みます。刑法上、業務上の過失については通常の過失傷害の責任より重く処罰されています。これは、一定の危険な業務に従事する業務者には通常人よりも特に重い注意義務が課されているためと考えられています。

介護サービスは人の生命・身体の危険を防止することを義務内容とするので、介護従事者が介護サービスを提供することは「業務上」に当たります。

(2)「必要な注意を怠り」

「必要な注意を怠り」とは過失があるということです。過失の意義については、刑法学説上対立が強いところですが、結果予見可能性を前提とした結果回避義務違反と考えておけばよいでしょう。

重要なのは、民事上の責任は施設が責任追及されることが多いのに対し、業務上過失致死傷罪は個人に対し責任が問われる点です。嚥下能力が衰えてきた利用者に対し食材選択等の配慮もせず、嚥下動作も確認しないまま食材を詰め込み、よって窒息死させてしまったような場合には、その介助をしていた職員は業務上過失致死罪として処罰される可能性があります。

(3)管理過失・監督過失

施設の代表者や一定の権限を有する施設長、主任などのリーダーにも業務過失致死罪を負う可能性があります。これが「監督過失」や「管理過失」といわれる責任です。

「監督過失」とは、直接に結果を発生させる過失をした行為者を監督すべき地位にある者が、その結果発生を防止すべき義務に違反したことを理由にするものです。裁判例では、化学工場においてバルブの操作に熟練していない技術員が誤ってバルブを操作し、塩素ガスを放出させた事故があります。この事故では、当該技術員を班に配置した製造課長と班の責任者について「単独でバルブを操作しないようにとの安全教育または指示を行うべき注意義務を怠って未熟練の技術員を配置した」として、過失を認めています。

「管理過失」とは、管理者等による物的・人的な管理措置を講じて結果の発生を防止すべき義務を怠った場合の責任を指します。

大規模火災事故が発生した場合に、消防計画の作成とこれに基づく避難誘導訓練の実施、煙探知機連動式甲種防火戸の設置、階段部分についての防火区画の設置等の措置をとる義務があったとして責任が認められた事例があります。

このような監督過失や管理過失を負うのは一義的には事業者である

とされています。事業者が法人の場合は経営・管理事務を統括する代表取締役となります。組織のなかでは役割権限が下位者に委譲されるのが一般です。そのため、下位者であっても、安全管理や監督・指導について実質的な権限を有する者は、代表取締役と同様、責任を負う可能性があります。

すなわち、介護事故では、代表取締役や施設長、主任など安全管理や具体的な介護について指示･指導をするべき権限を有している者は、実際に介護を担当した職員でなくても刑事上の責任を負う可能性があるのです。

裁判例では、保育園において園児の監視を怠ったために、遊具による窒息事故を負った事例について、園長や主任教諭らが業務上過失致死罪の責任を負った事例もあります。この裁判では、遊具を園児の手が届かない場所に保管・管理したうえで、部下教職員に対し遊具で遊ばせないよう指示するなどの注意義務が園長や主任教諭らにあったにもかかわらず、一般的に監視するよう指示していたに留まり、かつ上記部下教職員の監視が十分になされなかったことと相まって事故を誘発したとして、責任を肯定しています。

3 課題と展望

介護事故が発生した場合、業務上過失致死傷罪として刑事責任を追及された事例は必ずしも多くないといえます。しかし、利用者・遺族の感情のもつれから、民事上の裁判だけでなく告訴など刑事上の責任を追及されることもあり得ることを肝に銘じなくてはなりません。刑事上の責任は民事上の責任と異なり、お金で解決できるものではありません。賠償保険に入っていても､責任を果たすことにはなりません。

介護サービスが利用者の生命・身体・健康に密接に関わっていること、事故が発生した場合には、代表者等経営者自身にも刑事上の責任が生じ得ることを十分に理解して、安全管理・教育等の指導を行っていくことが必要になります。

6 行政上の責任

1 概要

行政上の責任とは、許認可等を行う行政から、許認可等を受ける者に対して科せられる処分です。

2 解説

介護保険におけるサービスを提供できる「指定事業者」は、その提供するサービスに応じて運営基準が規定されています。これを遵守《じゅんしゅ》しなかった場合は遵守するよう「勧告」が出され、勧告への対応が不十分であれば「氏名を公表」されることがあります。さらに、「勧告」に対し、正当な理由なく勧告に従わなかった場合は、「命令」が出され「公示」されます（介護保険法第76条の2）。それでも十分な対応ができない場合は、「指定の取消し」「指定の効力停止」などの措置がとられます（介護保険法第77条）。

行政上の責任は、民事上の責任や刑事上の責任と異なり、事故が発生した場合に限りません。あるべき状態に満たない、あるいは危険な状態にあると考えられれば、早期に勧告等の手続が取られることになります。事業者としては、勧告を受けないようにすることはもとより、勧告がなされた場合には可及的速やかに勧告に従うことが重要となります。

問題1　民事上の責任について、適切なものを2つ選びなさい。

①債務は、施設と利用者との間の契約によって生じるので、施設は、契約書に記載された義務を遵守すればよく、契約書に記載のない義務まで負うことはない。

②事業者に過失や債務不履行があったとしても、利用者に損害が生じていなければ、損害賠償の責任を負うことはない。

③介護事故が発生した場合において、事業者だけでなく、直接介護を担当していた者も損害賠償などの責任を負うことがある。

④過失があるかどうかを判断するには、個々の施設ごとに設備が異なり、できる能力や対応に差があるため、個別具体的な施設の状況を基準に判断することが重要である。

⑤介護施設は、施設内のボランティアによって介護事故が発生したとしても、ボランティアは職員とは異なるため、使用者責任を負うことはない。

⑥介護事故においては、利用者が要介護の高齢者であり、事故が起きやすいという性質があるため、必ず過失相殺によって、損害額が減少される。

解答 1

② ③

解説 1

①×：安全配慮義務など、契約書に記載されていなくても、当然に負うべき義務があります。

②○：損害賠償責任は、利用者の損害を塡補するためのものですので、損害が生じることが必要です。

③○：介護従事者も、故意・過失があれば、責任を負う可能性があります。

④×：個々の施設ではなく、一般的な介護施設を基準に判断されます。設備や人員がなければないほど責任を負わないとするのは､妥当でないためです。

⑤×：使用者責任は、事実上、指示に基づいて仕事をしているといった従属関係があれば認められますので、ボランティア職員でも使用者責任を負う可能性はあります。

⑥×：過失相殺は、利用者側に損害を分担させるのが公平と判断される場合になされるものですので、事由の如何を問わず過失相殺によって、賠償額が減少するわけではありません。

第8章

訴訟手続

1 訴訟の流れ

1 概要

訴訟提起されると、裁判所から訴状が届き、設けられた裁判期日に出頭するよう要請されます。

裁判所という公的な場で、原告（訴える側：利用者等）と被告（訴えられる側：介護事業者等）とが互いの主張を行います。そして、その紛争に法的な判断を用いて決着を付けます。

2 解説

裁判の大まかな流れは以下の通りです。

（1）口頭弁論期日

訴え提起からおよそ1カ月後に、第1回の裁判期日が設けられます。これを第1回口頭弁論期日といいます。紛争の解決のため、原告・被告共にお互いの主張・立証を行いながら弁論期日を重ねます。期日は大体1カ月ごとに開かれます。

（2）和解期日

原告および被告から提出された主張・立証を元にお互いの譲歩が見られるときは、和解期日が開かれることもあります。口頭弁論が進むにつれ、お互いの主張や証拠が提出されて争点がはっきりとしてくる

図表8-1●訴訟の流れ

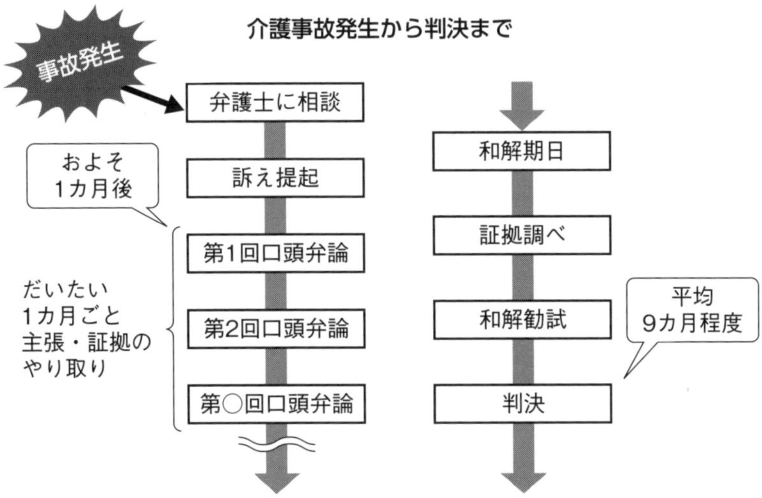

著者作成

ため、自己の主張に誤解があった場合には、その誤解が解けたり、また判決の見通しがある程度予測できたりすることもあります。そこで、お互いに譲り合う点を譲って、解決に至るのです。

(3) 人証による調査〜和解勧試

和解に至らないとき、あるいは争点形成の段階で、主張が真っ向から対立しているときなど和解することが難しい場合には、さらに人証手続による証拠調べが行われます。かかる人証による証拠調べ手続を経た後、和解の可能性があれば改めて裁判所から和解勧試（和解するよう裁判所の働きかけ）がなされるのが一般です。その際には、裁判官から心証の開示、すなわち裁判官がどのように本件事件を考えているか当事者に伝えられることも多くあります。心証開示がなされれば、裁判官の考えがわかりますので、控訴審における結果の見通しなどを考慮して、和解に応じるか否か検討することになります。

(4) 判決

和解に至らなかった場合は今まで提出された原告および被告の主張・立証を元に裁判所が判断を下します。これを判決といいます。当事者は、判決に不服があれば判決書を受け取ってから14日以内に控訴することができます。判決が確定すると、法的な拘束力を得る判断となります。

2 民事訴訟の構造

1 概要

民事訴訟は、私人間の紛争に対し公権的な解決を図る手段です。私人間においては、私的自治といって自分のことは自分で決めるという原則があります。民事訴訟においても、かかる私的自治の原則が支配します。一方、民事訴訟は、裁判所といった公権的な権力が関与する手続であるため、裁判所の公権的な役割もあります。このように、民事訴訟は当事者と裁判所の両者の役割が密接に関連する手続といえます。

民事訴訟手続は構造的に見ると、①原告が裁判所および被告に対して訴えを提起する「請求」、②請求を基礎づける事実や法的見解を示す「主張」、③自らの主張を証明する「証拠」、の段階に分析することができます。

2 解説

(1) 請求段階

原告が裁判所に対してどういう判決を求めたいのかを示したもの、それが訴えの申立です。訴えの申立については、①訴えをするか否か、②訴えを求める範囲をどの範囲にするか、③その内容は何か、という点についてすべて当事者(原告)が自由に決定することができます。裁判官も、仮に当事者が訴えを提起したことと違う印象を持っていたとしても、当事者が求めた範囲についてのみ判断することになります。例えば、原告が100万円の損害賠償を請求した場合、裁判官が「120万円が相当」と考えても100万円の判決しかすることができません。法的構成についても、債務不履行責任のみを請求した場合には、仮に裁判官が「土地工作物責任により請求を認めることが妥当」と考えても、当該法的構成を理由に判断することはできないのです。これは、民事訴訟において私的自治の原則(私的な社会関係、義務・権利を、自らの意思で規律させること)が反映されているためです。

訴えについては、その終了についても当事者意思が尊重されます。すなわち、被告が原告の訴えの理由があることを認めた場合、裁判官が争いの余地があるとしても、判決によらず裁判が終了します。これを「請求の認諾《にんだく》」といいます。他方、訴訟が継続するにつれ、原告が自己の請求に理由がないと気づくこともあり得ます。そのときには、「請求の放棄」をすれば裁判を終了することができます。また、訴えを起こしたものの、それを撤回し裁判を終了させることもできます。これを「訴えの取り下げ」といいます。

裁判官は、原告の請求に理由があると認めるときは、請求を認める「請求認容判決」をし、理由がないと認めるときは、「請求棄却判決」をします。

(2)主張段階

請求を基礎づけるための事実と理由を述べることを主張といいます。前述の不法行為責任であれば、「損害」という要件を基礎づけるために、治療費100万円がかかったという事実を主張することになります。

この主張の段階においても、当事者に争いがない事実については当該事実を前提に裁判がなされます。そのため、原告の主張に対し被告は「認否」という作業を行います。すなわち、争いのない事実は「認める」という応答をします。争いのある事実については、違いますとする「否認」や、知りませんとする「不知」という意思を明確に示し、反論しなければなりません。何の応答もしない場合は「認める」といったものとみなされます。

また、主張は被告側からもできます。その場合、今度は原告側が「認める」「否認する」「知らない」という意思を示し、反論するといった具合に審理が進行します。

(3) 証拠段階

原告・被告間で争いのある事実がある場合には、立証をすることになります。立証とは、自らの主張を事実として証明するための手続きです。

立証の方法としては、①書類の記載内容を利用する書証、②体験した事実を供述してもらう人証、③専門的な意見を述べてもらう鑑定、④五感の作用を利用して行う検証、⑤裁判所が官庁等の団体に照会し、書面での回答を得る調査嘱託があります。これらは通常、訴訟が始まってから行われます。しかし例外的に、緊急の必要がある場合には訴訟が始まる前に、⑥証拠保全手続により証拠調べを先行させることもできます。

立証段階においても、どの証拠を提出するかについては当事者が原則として自由に決めることができます。逆に自己の主張を認めてもらうためには積極的に証拠を提出する必要があります。裁判をすれば何もしなくても裁判官が判断してくれるというものではありません。他方で、証拠の評価は裁判官の自由な心証によって決めることができるとされています。どの証拠が信用でき、どれが信用できないかは、裁判官が取捨選択するのです。

①書証

文書に記載された特定人の意味内容を証拠とするものです。文書が書証としての意味をなすためには、その文書が判決において事実認定に供することができるだけの証拠力を持つ必要があります。

証拠力は、形式的証拠力(作成者の意思に基づいて作成されたかどうか)と実質的証拠力(その文書の持つ意味内容が事実の立証にどの程度役に立つか)の2つから成ります。

介護事故においては、介護日誌、アセスメント、ケアプラン、診断書等が書証として挙げられます。

②人証

証人調べと当事者尋問といったように、人が供述をした内容を証拠とするものです。証人とは当事者以外の第三者で、経験した事実を述べる者です。施設が被告となっているような事例であれば、職員は当事者以外として「証人」になります。他方、施設の代表者は本人として「当事者尋問」になります。

証人と当事者尋問の違いは、虚偽の事実を証言したときの制裁の点にあります。証人は、宣誓の上虚偽のことを陳述すると偽証罪によって刑事上の処罰されるおそれがあります。しかし当事者尋問の場合は、10万円以下の過料の可能性があるだけで刑事上の制裁はありません。ただし、本人が出頭、宣誓および供述に対し正当な理由なく義務違反をした場合には、その尋問事項に関する相手方の陳述が真実と認められるおそれがあります(民事訴訟法第208条)。

人証の評価についても裁判官が行います。その際は、供述した内容自体が合理的か、他の動かしがたい、または信用できる証拠と一致しているか、不自然に話が変わっていないかなどの要素で信用性を判断することになります。例えば作成した事故報告書において、記載した事故の態様と裁判所で供述した内容が異なれば、信用できないと判断されるような具合です。

③鑑定

鑑定とは学識経験のある専門家にその専門的知識や意見を報告させる証拠調べを指します。例えば施設において、利用者が誤嚥《ごえん》を起こし亡くなったとしても、その窒息死の原因が何かということは医師等専門的立場からの意見がないと判断が困難となる場合があります。このような場合、事件処理に必要な意見ないし知見を述べてもらうことを鑑定といいます。

鑑定においては、まず鑑定人の意見を先行させ、その後に当事者が質問をしていくという方式で行われます。専門家の意見を十分に反映させるためです。

④検証

裁判官がその五感の作用によって、対象である検証物の性質を検査して証拠資料とする手続です。現場に行って、裁判官が現状を把握するときなどに使用できます。また、後述する証拠保全手続においてカルテを写真で撮る場合は、検証手続によって行われることになります。

⑤調査嘱託

裁判所が当事者の申立を受け、または職権によって官庁・公署・学校・商工会議所・取引所その他の団体に必要な調査を嘱託するものです。例えば介護認定を行った市に対し介護認定調査票を提出してもらうことなどの利用が考えられます。

⑥証拠保全

将来行われるべき証拠調べの時を待っていたのであれば、証拠調べが不可能または困難になるおそれがある場合、当事者の申立または職権で裁判所は証拠調べを行うことができます。これが証拠保全です。

証拠保全は訴訟が開始した後でもできますが、訴訟提起の予定があるときでも利用することができます。

医療過誤訴訟においては、訴訟の提起がなされる前にカルテを証拠保全することがよくあります。これは、カルテの改ざんを防ぐとともに、証拠保全をしておくことで証拠を事前に見ることができ、自己の主張に理由があるかどうか検討するためです。介護施設においても、例えば介護日誌等について証拠保全の申請がなされることも考えられます。

証拠保全が訴え提起前に行われる場合、その決定は証拠調べがなされる直前に送達されます。そのため、常日頃から日誌等の管理をしておくことが無用な混乱を防ぐことにつながります。なお、証拠保全手続を行っても、必ずしも訴訟をする必要はありません。一方訴訟手続になれば、証拠保全の結果は、当然に証拠となります。

(4) 実務上の点から

一般論として、事故より前に作成された介護日誌等の書証は信用力が高いといわれています。これは、人証手続が訴訟の終盤でなされる関係上、時間の経過に伴う記憶違いが起こりやすいことや、事故が発生した後の人の認識には意図が入りやすいことがいえるからです。

裁判例においては、介護日誌や入所時聴取書等で記載された利用者の具体的な状況から、結果予見可能性や結果発生の危険性が高い事実が認定され、それが過失評価につながることがしばしばあります。「利用者Ａは□月△日、食べ物を口に入れたがなかなか飲み込めず、咳き込んだ」といった事実から、“翌日はさらに注意すべき義務があった”といった具合です。

事業者の中には、介護日誌には抽象的なことや危険性が高い事情は記載しない方がよいのでは、という考えを持つ人もいるかもしれません。しかし、それは明らかに間違った考えです。介護は日々状況が変わり得る利用者を相手にするものであり、また１人の職員で見ているわけではありません。利用者の状況について、適切な引き継ぎができないような日誌や業務上の記録があることは、そのこと自体で適切な介護がなされていなかったことを印象付ける結果となるのです。

したがって事業者には、日常から介護に従事する職員に対し、利用者の状態を具体的に記載するよう指導し、適時において状態を把握し、危険性を判断したうえで必要な注意義務を果たすことが求められています。

問題1 訴訟に関する事項について、適切なものを3つ選びなさい。

①訴訟手続においては、裁判所が公権的な機関として、独自に証拠を集め真偽を判断するので、事業者として、証拠を提出したり主張したりすることは予定されていない。

②訴訟手続において、しばしば介護日誌や入所時聴取書等から利用者の危険性が認定されるため、事業者としては、できる限り利用者の危険な状況について記載しないよう指導することが重要である。

③訴訟手続が開始された後でも、話し合いによる和解によって終了することもある。

④訴訟が提起される前であっても、介護日誌などの証拠の取調べがなされる手続があるため、事業者としては、対象となる日誌かどうかを区別できるように日頃から整理しておくことが望ましい。

⑤訴訟手続において、職員が証人として出頭した場合、宣誓をしたうえで虚偽のことを証言すると、刑事上の処罰を受ける可能性がある。

確認問題 解答 解説

解答1

③ ④ ⑤

解説1

①×：証拠の提出や主張は、訴訟の当事者が行うことが原則とされています。

②×：介護は、利用者の適時における状態を踏まえて行うものです。介護事故に繋がるような危険性のある行動については、具体的に記載し、引き継ぎ・情報共有をすることが必要不可欠です。

③○：問題の通りです。

④○：証拠保全手続によって、介護日誌等の業務日誌が証拠調べの対象となる場合があります。

⑤○：職員が「証人」として、宣誓をしたうえで虚偽のことを証言すると、偽証罪に問われる可能性があります。

第9章

介護に関する保険

1 介護にかかわる保険の紹介

2 裁判例の考察と保険の機能

1 介護にかかわる保険の紹介

1 概要

介護事故が発生して事業者に民事上の責任が発生する場合、事業者は損害賠償をする義務を負います。このように、万が一のときに備える手段として保険があります。

介護施設においては、事業者の賠償責任に備える「賠償責任保険」と利用者自身を被保険者とする「傷害保険」とがあります。

2 解説

(1)賠償責任保険

賠償責任保険は、保険法上「責任保険契約」といわれるもので、「損害保険契約のうち、被保険者が損害賠償の責任を負うことによって生じることのある損害をてん補するもの」をいいます。

賠償責任保険において「被保険者」は、施設や施設の職員、パート等とされているのが一般です。これら「被保険者」である施設や職員、パートが不法行為などによって責任を負う場合、その損害賠償額について約定された保険金の上限の範囲内で保険金が支払われることになります。全国社会福祉協議会が社会福祉施設向けに提供している「しせつの損害補償」におけるプラン1「施設業務のための補償」では、1名当たり2億円、1事故当たり10億円を限度に保険金が支払われることとされています。

施設が損害賠償責任を負ったとしても保険金を請求することができるのは、約定された「事故」の範囲内にある必要があります。前述のプラン1の基本補償においては、社会福祉施設が行う施設業務（サービス）が対象となります。一方、居宅介護支援、配食サービスおよび医師等が行う医療行為（作業療法士や理学療法士等が行う専門的職業行為も含む）は保険の対象外です。

賠償責任保険は、あくまでも施設や職員などの損害賠償責任を負うことが前提となります。したがって、施設側に過失がなく法律上の損害賠償責任を負担しない場合、保険金は支払われないことになります。

ただし、先のプラン1においては「見舞費用付補償＜B型＞」という特約があります。同特約においては、施設の損害賠償責任の有無にかかわらず施設が負担した見舞品の費用等について保険金の支払がなされます（ただし見舞費用等については、最終的に施設が損害賠償責任を負担した場合には損害賠償額から控除されます）。また、利用者が死亡した場合は、遺族の請求により遺族に対し弔慰金（100万円）が支払われます。

施設としては、当該特約を付加しておくことで損害賠償責任を負わない事故であっても、利用者に対し一定の保険による給付をすることが可能となります。また、事故の初期の段階で見舞金等の支払いがなされるため利用者や遺族の不信感等の感情が和らぎ、紛争の拡大防止につながるメリットもあります。

賠償責任保険において保険金請求をすることができるのは、被保険者である施設等です。すなわち、被害者側が直接、保険会社に保険金を請求することは認められていません。ただし、実務上は損害額について判決・示談等によって確定した後、加害者が保険金受取先口座を被害者の口座に指定することにより、保険金相当額を直接被害者に支払うことによって、保険金が支払われるのが一般です。

（2）傷害保険

介護施設向けの保険としては、利用者を被保険者とし、被保険者の傷害・死亡について一定の保険給付を支払う傷害保険があります。かかる傷害保険は、保険法上「傷害疾病定額保険」に該当します。

先の全国社会福祉協議会「しせつの損害補償」におけるプラン2「施設利用者のための補償」という商品がこの傷害保険に該当します。当該保険においては、利用者が施設の管理下で事故により身体に傷害を被った場合、利用者または遺族に一定の保険金を支払うこととされています。一定額とは、保険1口当たり、死亡・後遺障害保険金として100万円、入院保険金1日当たり800円、通院保険金1日当たり500円です。

そもそも介護にかかる事故は、利用者の肉体的能力の低下に相まって24時間あらゆる場面で発生し得るものです。ひとたび事故が起き利用者が入院等治療を要する場合、利用者の経済的負担も無視できません。利用者が亡くなった場合は遺族の感情にも対応する必要があります。このことは、介護事故において、施設側に実体法上の責任が有るか否か問わないものです。

傷害保険においては、施設が賠償責任の有無にかかわらず保険金の給付がなされます。したがって、利用者に対し早期に一定の保険給付がなされることになります。この保険給付により一定の損害が回復されるため、利用者または遺族の感情が和らぎ、ひいては紛争拡大の防止につながります。

傷害保険において、保険を契約する者すなわち保険料を支払うのは施設です。施設の利用者は施設入所と同時に被保険者となり、かつ保険金受取人となります。傷害疾病定額保険においては、受取人が被保険者やその遺族となっていれば、被保険者の個々の同意なくして保険契約が成立するからです。

保険金請求は、保険金受取人である利用者またはその遺族が行わなくてはなりません。施設としては、介護契約締結時に傷害保険に加入していることをあらかじめ説明するとともに、事故後においては保険金の請求手続に協力する姿勢が求められます。

2 裁判例の考察と保険の機能

1 裁判例の考察

介護事故における民法上の責任の根拠は、債務不履行責任と不法行為責任（使用者責任）がありました。

裁判例では、事業者の過失や安全配慮義務違反を認めた事例が数多くあります。中には、事業者としてサービスを怠っていた事例、注意らしい注意をしたとはいえないような事例もあります。このような場合であれば過失なり安全配慮義務違反なりがあったと考えるのは容易でしょう。また、事業者の意識によって予防が可能な事故といえます。

しかし一方で、事故時に明らかに過失があったとは言い難い事例もあります。第1審と第2審で判断が異なる事例や、具体的な場面においてどのような見守りをすべきだったか判断しづらい事例があることも否定できません。そもそも、介護事故においては、利用者の属性から、結果回避可能性における「権利侵害の可能性」が高いと判断され、その結果、過失ないし安全配慮義務違反が肯定されやすいといった事情も否定できないのです。このように責任が肯定されやすい一面、明らかに過失があるとはいえない事例においては、因果関係の限定、慰謝料額の低額化、過失相殺などによって損害額を調整している事例も多く見られます。

2 保険給付金の機能

前節において、介護施設向けの保険商品として損害賠償責任を前提とする賠償責任保険と、これを前提としない傷害保険ないし見舞い費用等の特約について紹介しました。事業者としては、明らかな過失の認められる介護事故については、生じた損害を賠償すべきでしょう。この場合、保険においては賠償責任保険が有用です。

一方、必ずしも明らかに過失があるとはいえないような介護事故においては、過失の有無にかかわらず保険金の支払がなされる傷害保険等が有用といえます。傷害保険等については、その給付額は少額といわざるを得ません。しかし明らかに過失があるとはいえない事故においては、前に考察したとおり、裁判例においても損害額が減額調整されることが多いのです。そのため、少額であっても早期に一定額の保険金給付がなされれば、実質的な損害回復は図られているとも考えられます。被害者側としても、介護事故における施設側の責任の有無の予測は難しいため、一定額の給付を受けることにより、あえて時間・コストのかかる裁判をすることに消極的となり得ます。

事業者としては、保険による上記の機能を理解し、事前準備しておくことが必要です。

確認問題

問題1 介護事故に関する保険について、適切なものを1つ選びなさい。

①責任保険契約とは、被保険者である施設らの損害賠償責任がない場合にも、支払いがなされる保険のことをいう。

②事業者が、利用者を被保険者として保険の対象とすることは、利用者の生命・身体を害する危険を助長するおそれがあるため、法律上、利用者から個々の同意がない限り、いかなる場合であっても、保険契約を締結することができないとされている。

③賠償責任保険においては、被害救済のため、原則として、被害者である利用者やその遺族が、直接保険会社に保険金を請求することができるものとされている。

④現在、事業者のための賠償責任保険は各種販売されているが、職員が損害賠償責任を負う場合における保険商品はないため、職員は、自費で損害賠償責任に対応しなくてはならない。

⑤事業者は、自己の損害賠償義務に備えるための保険に加入するだけでなく、賠償義務がない場合にも、保険金が給付されるような保険にも加入することが望ましい。

解答1

⑤

解説1

①×：責任保険契約は、被保険者の損害賠償責任がある場合に保険金の支払いがなされるものです。

②×：保険金受取人が被保険者またはその遺族となっている場合は、同意なくして、保険契約が成立します。本文に紹介した傷害保険は、個々の利用者の同意がなくても、保険の対象となります。

③×：賠償責任保険においては、保険金を請求できるのは施設側であり、被害者側から保険会社に直接保険金を請求することはできません。

④×：賠償責任保険においては、被保険者が施設やその職員とされているものがあるため、かかる商品によれば、職員の損害賠償責任にも保険対応が可能となります。

⑤○：利用者のけがに直ちに対応できるよう、損害賠償責任の有無にかかわらず、保険金が給付されるようにしておくことが望ましいといえます。

第10章

安全管理

1 安全管理の条件

1 概要

介護事故に対する安全管理の具体的な一例として、介護職員が口腔内の痰《たん》の吸引等を実施する場合の取り扱いについて、厚生労働省が許容する一定の条件を掲げています(医政発0401第17号の抜粋)。この一定の条件を参考に、介護事故に関する「安全管理」に必要となる条件を提示します。

2 解説

(1)高齢者側の同意

介護契約を締結し、介護行為を行うことが前提となります。例えば、高齢者側が、口腔内の痰の吸引等の実施について事業者側に依頼し、当該施設の組織的対応について施設長あるいは施設の責任担当者から説明を受け、高齢者側がそれを理解したうえで当該施設の介護職員が痰の吸引行為を行うことについて書面による同意をしていることが望ましい安全管理となります。

(2)医療関係者による的確な医学管理

介護行為の安全管理については、医療との連携が大きなポイントとなります。医療関係者による的確な医学管理を必要とする介護行為の安全管理のためには次の条件が必須となります。

①医師から看護職員に対し、書面による必要な指示があること。なお、介護福祉士および認定特定行為業務従事者は、医師の指示の下に特定行為を行うことができるようになりました（2012〔平成24〕年4月1日改正法施行）。

②看護職員の指示の下、看護職員と介護職員が連携・協働して実施を進めること。

③医師・看護職員および介護職員の参加の下、口腔内の痰の吸引等について高齢者ごとに個別・具体的な計画が整備されていること。

（3）口腔内の痰の吸引等の水準の確保

改正法により、さらに具体化されました。

①事業所内で看護師が研修・指導を行う等により、看護職員および実施に当たる介護職員らが必要な知識・技術に関する研修を受けていること。

②口腔内の痰の吸引等については、介護職員らが実施可能な行為を行うこと。

③高齢者に関する口腔内の痰の吸引等について、看護職員および介護職員の参加の下、技術の手順書が整備されていること。

（4）施設における体制整備

①施設長の下、安全確保のために施設内委員会が設置されていること。

②看護師による介護職員への施設内研修・技術指導等、施設内の体制整備に看護職員が関与することが確保されていること。

③介護職員が痰の吸引等を実施するために高齢者本人から十分理解を得ていること。

④高齢者の健康状態について、施設長、医師、看護職員、介護職員等が情報交換を行い、連携を図れる体制の整備がなされていること。同時にそれぞれの責任分担が明確になされていること。

⑤事業所内における痰の吸引等に関し一般的な手順書が整備され、適宜更新されていること。

⑥指示書や指導助言の記録、実施の記録が作成され適切に管理・保存されていること。
⑦ヒヤリハット事例の蓄積・分析など、施設長、医師、看護職員、介護職員等の参加の下で定期的な実施体制の評価・検証を行うこと。
⑧緊急時の対応の手順があらかじめ定められ、その訓練が定期的になされているとともに、夜間をはじめ緊急時に医師・職員間との連絡体制が構築されていること。
⑨施設内の予防等、安全・衛生面の管理に十分留意すること。

(5)地域における体制整備

医療機関、保健所、消防署等、地域の関係諸機関との日頃からの連絡支援体制が整備されていること。緊急時に迅速な対応を得るためには、これら諸機関との連携が必須となります。

3 課題と展望

安全管理は、介護事故における注意義務の判断において権利保護とのバランスをどのように調整するかが課題となります。

例えば、転倒の予防のために身体拘束をすれば確かに確実な安全管理となり得ますが、これは他方で高齢者の移動の自由や尊厳を損なうものです。したがって、安全管理を強調するあまり、高齢者の権利保護を失っては介護サービスの目的をも見失う可能性があります。これらのバランスをいかに調整するかが事業者側に突きつけられている課題であり、その展望を必要とするわけです。

2 情報共有

1 概要

事業者は、高齢者に対するサービス提供に当たり、介護関係者間で高齢者本人の情報とケアプランに関する情報を継続的に共有している必要あります。

2 解説

(1) 契約書

介護契約締結は、介護サービスの債務履行に当たり説明責任を果たす第一歩となります。

(2) 重要事項説明書

介護サービス契約は消費者契約であり、サービス内容について書面で重要事項について説明する必要があります。

(3) 高齢者本人・家族らとの会議

介護サービスの利用は継続性を有するものであり、高齢者の状況は絶えず変化します。それゆえサービス利用時の状況の報告とともに、状況の変化に応じたケアプランを変更するごとに十分な説明や意見交換を行うべきです。

説明の際には、高齢者自身はもちろん、家族や後見人がサービス利用の状況を理解するよう、事業者側は定期的な説明責任を果たす必要があります。このような日頃からのコミュニケーションが、介護事故の予防という観点からは非常に重要となります。

(4) 介護事故発生時における説明責任

介護事故発生時に事業者側が説明すべき内容は、以下の通りです。

①介護事故発生における経緯

②事故原因と生じた結果

③結果に対する事業者の責任とその対応

④今後の事故予防策

これらの事故関連内容を、高齢者本人またその家族らに対して、事故と密接した時点で具体的詳細に説明する責任があります。

3 課題と展望

(1) 事故対応の重要さ

介護事故が発生し、紛争がもつれて訴訟に至るような場合、事業者側に事故そのものに加えて嘘や隠蔽《いんぺい》が発覚し、これらにより信頼関係が失われ、解決が困難になってしまうことがあります。

思わぬ事故発生は、本来あるべき道を見失いがちになります。しかし、正確な事故報告と迅速適切な事故対応は、誠意ある行動として事故解決になくてはならないものなのです。介護対象が転倒や誤嚥等のリスクを背負っている高齢者なのですから、介護事故は常にあるものとして、日常からその説明を果たす責任を事業者側は自覚していなければなりません。

(2) 事故発生時の具体的対応

①緊急時対応

迅速な事故に対する応急措置と医療機関への対処をします。

②緊急連絡

事業責任者（施設長等）への報告・連絡・相談をします。

③顧問（かかりつけ）弁護士への連絡

介護問題に詳しい弁護士をかかりつけ弁護士として確保しておき、法的観点からの判断と対応を確認しておきます。

④家族・後見人への連絡

事業者側の責任者（施設長等）が、速やかに家族に事故報告と説明を行います。

⑤市町村への連絡

保険者である市町村に事故報告し、助言を求めます。

⑥保険会社への連絡

保険会社に事故内容を通知します。

損害賠償保険に加入するのは、賠償能力を保つだけでなく、いざ賠償請求された場合の対処法についてのブレーンを確保しておくことにもなります。

⑦事故原因の分析と責任の所在の検討

客観的な事故分析とその経過をまとめ、責任の所在をチームで検討し記録します。

⑧今後の対応

検討を踏まえて、事故高齢者・家族へ、今後の対応についての説明と協議をします。

（3）情報共有の意味

介護事故の対応については、医療問題が参考になります。医療問題では、伝統的で主従的な医療者と患者関係が、情報共有の妨げとなっています。

すなわち、医療行為について、医療者が患者に対する情報を取得し、その情報を患者が知ることができないことが通常となっています。このような関係において、医療事故が発生した場合、患者側は当該医療行為を知ることから始めなければならず、医療者に対する不信が生じます。この医療者に対する不信を招かないためには、介護者と高齢者との関係が、主従の関係を形成するのではなく、双方向的な情報交換により、情報を共有して意思決定を行う協働的意思決定を促すことが重要です。

つまり、介護行為における安全管理は、介護サービス行為情報を高齢者側に開示するとともに、これに対する高齢者側の理解と判断を構築することにつきます。例えば、介護福祉士は、2012(平成24)年4月1日から医師の指示の下に、経管栄養(胃ろう)を行うことができます。高齢者は、一方で定期的に確実な栄養補給が可能となり、状態が改善します。他方で、この経管栄養実施は、高齢者の胃に注入した栄養分が逆流してしまうことにより肺を湿潤化させ、誤嚥性肺炎を引き起こす懸念もあります。プラス要因だけでなく、マイナス要因についても説明をすることが、情報共有の意味をなすのです。

言い換えれば、介護者側と高齢者側との情報共有による信頼関係構築が介護事故に対する安全管理にもっとも重要な課題といえるのです。

3 身体拘束と安全管理

1 概要

近年、1999年（平成11年）3月の介護保険施設における「身体拘束禁止」の厚生労働省令や、厚生労働省による「身体拘束ゼロの手引き」の作成等、身体拘束の廃止が進められてきました。

身体拘束は身体の自由を奪うことであり原則として違法です。例外としての緊急避難行為として拘束が認められる場合がありますが、やむを得ず拘束する場合でも、必要最小限でなければなりません。

2 解説

（1）身体拘束の例外

緊急避難行為として例外的に認められる身体拘束は、次の三要件すべてが認められなければなりません。

①緊急性

利用者本人等の生命または身体が危険にさらされる可能性が著しく高いこと。

②一時性

身体拘束その他の行動制限が一時的なものであること。

③非代替性

身体拘束その他の行動制限を行う以外に代替する介護方法がないこと。

(2)身体拘束の手続

①身体拘束は職員個人で行わず、施設全体として判断するようルールを決めておきます。

②家族に身体拘束の理由・内容を説明し、十分な理解を得ます。

③緊急やむを得ない身体拘束であっても、常時観察し要件に該当しなくなればただちに解除します。

④身体拘束に関する記録、身体拘束を行う場合の理由・方法・期間等についての記録作成を義務付けます。

(3)身体拘束行為

身体拘束の行為には、以下のようなものがあります。また、ケアの課題および類型は**図表10-1**のようになっています。

①身体を縛る行為

②ベッドを柵で囲む

③手指の機能を制限するミトン型手袋をつける

④立ち上がれないような椅子を使う

⑤行動を落ち着かせるために抗精神薬を過剰に服用させる

⑥自分の意思で開けることができない居室等に隔離する

図表10-1●身体拘束の類型

ケアの課題	拘束行為	拘束の類型
点滴などのチューブを外す 皮膚をかきむしる　等	四肢を紐で固定 ミトン型の手袋	Ⅰ四肢や手指の自由を奪う ・四肢を縛る ・手を縛る
車椅子からずり落ちる 転倒　等	安全ベルト ベッド柵	Ⅱ起き上がり立ち上がりの自由を奪う ・Y字型拘束帯、腰ベルト ・囲う
徘徊 妄想・大声・不穏　等	過剰な薬物 居室等に閉じこめる	Ⅲ考えることや行動の自由を奪う ・見えない抑制 ・隔離
他室侵入 離設(離苑)行為　等	施錠	Ⅳ行動範囲の制限、出入の自由を奪う ・監禁

著者作成

(4) 身体拘束を行う理由

①許容できる理由

1) 入所者本人を事故から守るため

2) 医療的な措置の一環として必要であるため

②許容できない理由

1) 家族から責任を問われる

2) 職員数が足りない

3) ハード面での遅れ等行動制限を行う以外に介護できない

4) スタッフに身体拘束を廃止しようとする意識がない

3 課題と展望

(1) 拘束の弊害

身体拘束は、次の弊害があります。

①身体的弊害

身体拘束により筋力低下、間節の拘縮、褥瘡《じょくそう》などが起き、拘束を無理に外そうとして転倒・挫創などの障害を併発することがあります。さらに抑制他による圧迫絞扼や嘔吐物により窒息などの可能性も生じます。

②精神的弊害

高齢者にとって拘束は大きなストレスとなり、怒り、不安、屈辱などの感情的害悪をもたらします。また、介護職員も罪悪感を持ち、意欲の低下をもたらし、虐待行為に対する慣れにもつながってしまうことがあります。

③社会的弊害

介護施設に対する不信感や高齢者の不安をあおってしまいます。

(2) 必要最小限の拘束といえるか

例外的に、切迫性・非代替性・一時性という三要件が充たされ拘束が認められるにしても、高齢者の尊厳に配慮し適切な支援をしているかについて留意しなければなりません。

(3) 身体拘束廃止とリスクマネジメント

拘束をしたときには定期的な再評価が必要です。拘束が不要と判断された場合には、早急に拘束を外すという対処をしなければなりません。

(4) 薬物による行動コントロール

認知症の行動異常をコントロールするための薬物治療による過剰投与が問題となります。

薬物治療は適切かつ適量であるべきです。徘徊などを困ったものとみなさず、むしろ安全な環境で歩き回れる工夫をすることにより環境を整備した後、初めて投薬を考慮することが必要となります。

4 介護従事者の資質

高齢者介護は、高齢者の尊厳を守り、認知症高齢者の心を理解することが出発点であり、身体拘束を考える介護であってはなりません。

次に述べるのは『物語　介護保険(下)――いのちの尊厳のための70のドラマ』(大熊由紀子著、岩波書店)にある介護従事者の資質です。これを参考にしていただきたく、引用をもって本書の結びとします。

- ●認知症のお年寄りに尊敬の念をもてて、なおかつ忍耐強い
- ●同じことを何度言われても興味深く耳を傾け、気持ちを正確につかむ
- ●小さな変化も見逃さない繊細さをもつ
- ●奇妙な行動にも驚いたりせず、怒りを受け止められる度量がある
- ●機転のきいた受け答えが得意
- ●ユーモアがある

確認問題

問題1 介護行為に関する安全管理にいて、誤っているものを１つ選びなさい。

①介護職員が口腔内の痰の吸引等を実施する場合の取扱いに関する社会福祉士及び介護福祉士法等の改正法が平成24年4月1日施行した。

②介護福祉士及び認定特定行為業務従事者は、看護師の指示の下に、特定行為を行うことができる。

③施設内の体制整備に看護職員が関与することが確保されている。

④地域の関係諸機関との日頃からの連絡支援体制が整備されている。

問題2 身体拘束が、緊急避難行為として例外的に認められるための三要件を述べなさい。

解答1 ②

解説1

①○：問題の通り。

②×：介護福祉士及び認定特定行為業務従事者は、「医師」の指示の下に特定行為を行うことができるようになりました(平成24年4月1日改正法施行)。

③○：看護師による介護職員への施設内研修・技術指導等、施設内の体制整備に看護職員が関与することが確保されていることが必要です。

④○：医療機関、保健所、消防署等、地域の関係諸機関との日頃からの連絡支援体制が整備されていること。緊急時に迅速な対応を得るためには、これら諸機関との連携が必須となります。

解答2 **緊急性、一時性、非代替性**

解説2

緊急性とは、利用者本人等の生命または身体が危険にさらされる可能性が著しく高いこと。一時性とは、身体拘束その他の行動制限が一時的なものであること。非代替性とは、身体拘束その他の行動制限を行う以外に代替する介護方法がないこと。

ただし、これら三要件を充たし、やむを得ず身体拘束する場合でも、必要最小限でなければなりません。

● 参考文献

長沼建一郎『介護事故の法政策と保険政策』法律文化社、2011年
吉岡譲治『職員と利用者を守る介護現場の法律講座　基礎知識から判例まで』中央法規出版、2010年
横田一『介護が裁かれるとき』岩波書店、2007年
高野範城『介護・保育などの事故と家族の悲しみと怒り、行政・法人の責任と役割』創風社、2011年
渡辺信英『介護事故裁判例から学ぶ福祉リスクマネジメント高齢者施設編』南窓社、2007年
古笛恵子『事例解説　介護事故における注意義務と責任』新日本法規、2011年
伊藤重夫、結城康博『シリーズ介護施設　安全・安心ハンドブック　第3巻　介護施設と法令遵守』ぎょうせい、2011年
江澤和彦、山野雅弘『シリーズ介護施設　安全・安心ハンドブック　第5巻　苦情対応と危機管理体制』ぎょうせい、2011年
財団法人日弁連交通事故相談センター東京支部『民事交通事故訴訟・損害賠償額算定基準　上巻』大東印刷工業、2011年
新井誠ほか『福祉契約と利用者の権利擁護』日本加除出版、2006年
大熊由紀子『物語　介護保険（上・下）いのちの尊厳のための70のドラマ』岩波書店、2010年
野坂きみ子『介護保険の謎－疎外とシステムを越えて』柏艪舎、2011年
嘉山隆司、結城康博『高齢者は暮らしていけない－現場からの報告』岩波書店、2010年
小竹雅子『介護情報Q&A第2版　介護保険を使いこなすために』岩波ブックレットNo757、2009年
小竹雅子、水下明美『介護認定　介護保険サービス、利用するには』岩波ブックレットNo770、2009年
荘村明彦『速報！改正介護保険法　平成24年4月からの介護保険はこう変わる』中央法規出版、2011年
池田省三『介護保険論　福祉の解体と再生』中央法規出版、2011年
久塚純一、山田省三『社会保障法解体新書　第3版』法律文化社、2011年
竹中星郎『明解痴呆学　高齢者の理解とケアの実際』日本看護協会出版会、2007年
斎藤忠雄『「いのちの最期」を生きる　人としての尊厳を支える在宅医療・介護とは!?』現代書林、2011年
宇山勝儀、小林理『社会福祉事業経営論　福祉事業の経営と管理』光生館、2011年
浅井隆＋老後安心クラブ『財産のキレイな残し方』第二海援隊、2011年
増田雅暢『平成23年版介護白書一介護老人保健施設が地域ケアの拠点となるために』TAC株式会社、2011年
川渕孝一、青木正人『介護経営白書2011年度版―介護新時代の経営戦略と新しい人材像』日本医療企画、2011年
水巻中正、安藤高朗『医療と介護の融合　2012年への提言と実践』日本医療企画、2010年
福島富和『介護職のための原因疾患別・進行段階別チャートで理解する認知症標準ケアサービス』日本医療企画、2010年
諏訪さゆり、福島富和『痴呆性高齢者標準ケアサービス』日総出版、2003年
濱田孝一『有料老人ホームと高齢者住宅　開設と運営のポイント100』ヒューマン・ヘルスケア・システム、2010年
箕岡真子『認知症ケアの倫理』ワールドプランニング、2010年

MEMO

MEMO

MEMO

MEMO

MEMO

● 編者・著者(第1章、第2章、第3章、第10章)

小此木清(おこのぎ・きよし)

弁護士法人龍馬　代表弁護士
1977年、中央大学法学部卒業。2001年から2003年まで武蔵野大学講師、2005年から2007年まで最高裁判所さいたま家庭裁判所家事調停官(非常勤裁判官)。現在、群馬弁護士会高齢者・障害者支援センター委員長、日弁連高齢者・障害者支援センター委員、群馬県消費生活審議会副会長、同苦情処理委員会会長、群馬県大規模土地開発事業審議会会長、群馬県土地収用事業認定審議会会長、社会福祉法人久仁会監事、NPO法人あかり理事。

● 著者(第7章、第8章、第9章)

舟木諒(ふなき・りょう)

弁護士法人龍馬おこのぎ法律事務所　弁護士
2005年、慶應義塾大学法学部政治学科卒業。2010年より群馬弁護士会消費者問題対策委員会副委員長、群馬弁護士会高齢者・障害者支援センター委員。2012年より武蔵野大学政治経済学部講師。

● 著者(第4章、第5章、第6章)

柳澤有里(やなぎさわ・ゆり)

弁護士法人龍馬ぐんま事務所　弁護士
2010年、早稲田大学大学院法務研究科修了。群馬弁護士会高齢者・障害者支援センター委員、NPO法人あかり理事。

江草安彦(えぐさ・やすひこ)

社会福祉法人旭川荘名誉理事長、川崎医療福祉大学名誉学長
1926年生まれ。長年にわたり、医療・福祉・教育に従事、医学博士。旧制広島県立福山誠之館中学校卒業後、岡山医科大学付属医科専門部(現・岡山大学医学部)に進学し、勤務医を経て総合医療福祉施設・社会福祉法人旭川荘の創設に参加、85年より旭川荘の第2代理事長となる。現在は名誉理事長。川崎医療福祉大学学長(~03年3月)、川崎医療福祉大学名誉学長および川崎医療福祉資料館館長(現在に至る)。00年、日本医師会最高優功章受章、01年保健文化賞、06年瑞宝重光賞、09年人民友誼貢献賞など受賞多数。

大橋謙策(おおはし・けんさく)

公益財団法人テクノエイド協会理事長、元日本社会事業大学学長
1943年生まれ。東京大学大学院教育学研究科博士課程修了。日本社会事業大学教授、大学院研究科長、社会福祉学部長、社会事業研究所長、日本社会事業大学学長を経て、2011年より現職。埼玉県社会福祉審議会委員長、東京都生涯学習審議会会長等を歴任。著書に、『地域社会の展開と福祉教育』(全国社会福祉協議会)、『地域福祉』『社会福祉入門』(ともに放送大学教育振興会)、『地域福祉計画策定の視点と実践』(第一法規)、『福祉21ビーナスプランの挑戦』(中央法規出版)ほか。

北島政樹(きたじま・まさき)

国際医療福祉大学学長
1941年生まれ。慶應義塾大学医学部卒。外科学(一般・消化器外科)専攻、医学博士。慶應義塾大学名誉教授。Harvard Medical School、Massachusetts General Hospitalに2年間留学。杏林大学第一外科教授、慶應義塾大学病院副院長、院長、医学部長を経て名誉教授。国際医療福祉大学副学長、三田病院院長を経て国際医療福祉大学学長(現職)。英国王立外科学会、アメリカ外科学会、イタリア外科学会、ドイツ外科学会、ドイツ消化器外科学会、ハンガリー外科学会名誉会員およびポーランド外科学会名誉会員。New England Journal of Medicine、World Journal of Surgery、Langenbeck's Archives of Surgeryなどの編集委員。ブロツワフ大学(ポーランド)、センメルワイス大学(ハンガリー)名誉医学博士。

介護福祉経営士テキスト　実践編Ⅱ－6
介護事故と安全管理
その現実と対策

2012年8月25日　初版第1刷発行

編著者　小此木　清
発行者　林　諄
発行所　株式会社　日本医療企画
〒101-0033　東京都千代田区神田岩本町4-14　神田平成ビル
TEL. 03-3256-2861（代）　http://www.jmp.co.jp
「介護福祉経営士」専用ページ　http://www.jmp.co.jp/kaigofukushikeiei/
印刷所　大日本印刷株式会社

　ISBN 978-4-86439-103-0 C3034　定価は表紙に表示しています。

これからの介護・福祉事業を担う経営“人財”

介護福祉経営士テキスト　シリーズ 全21巻

総監修

江草 安彦 社会福祉法人旭川荘名誉理事長、川崎医療福祉大学名誉学長

大橋 謙策 公益財団法人テクノエイド協会理事長、元日本社会事業大学学長

北島 政樹 国際医療福祉大学学長

【基礎編Ⅰ】テキスト（全6巻）

1	**介護福祉政策概論** ――施策の変遷と課題	**和田　勝** 国際医療福祉大学大学院教授
2	**介護福祉経営史** ――介護保険サービス誕生の軌跡	**増田雅暢** 岡山県立大学保健福祉学部教授
3	**介護福祉関連法規** ――その概要と重要ポイント	**長谷憲明** 関西国際大学教育学部教授・地域交流総合センター長
4	**介護福祉の仕組み** ――職種とサービス提供形態を理解する	**青木正人** 株式会社ウエルビー代表取締役
5	**高齢者介護と介護技術の進歩** ――人、技術、道具、環境の視点から	**岡田　史** 新潟医療福祉大学社会福祉学部准教授
6	**介護福祉倫理学** ――職業人としての倫理観	**小山　隆** 同志社大学社会学部教授

【基礎編Ⅱ】テキスト（全4巻）

1	**医療を知る** ――介護福祉人材が学ぶべきこと	**神津　仁** 特定非営利活動法人全国在宅医療推進協会理事長／医師
2	**介護報酬制度／介護報酬請求事務** ――基礎知識の習得から実践に向けて	**小濱道博** 介護事業経営研究会顧問
3	**介護福祉産業論** ――市場競争と参入障壁	**結城康博** 淑徳大学総合福祉学部准教授　**早坂聡久** 社会福祉法人柏松会常務理事
4	**多様化する介護福祉サービス** ――利用者視点への立脚と介護保険外サービスの拡充	**島津　淳　福田　潤** 桜美林大学健康福祉学群専任教授

【実践編Ⅰ】テキスト（全4巻）

1	**介護福祉経営概論** ―― 生き残るための経営戦略	**宇野　裕** 日本社会事業大学専務理事
2	**介護福祉コミュニケーション** ―― ES、CS 向上のための会話・対応術	**浅野　睦** 株式会社フォーサイツコンサルティング代表取締役社長
3	**事務管理／人事・労務管理** ――求められる意識改革と実践事例	**谷田一久** 株式会社ホスピタルマネジメント研究所代表
4	**介護福祉財務会計** ――強い経営基盤はお金が生み出す	**戸崎泰史** 株式会社日本政策金融公庫国民生活事業本部融資部専門調査役

【実践編Ⅱ】テキスト（全7巻）

1	**組織構築・運営** ――良質の介護福祉サービス提供を目指して	**廣江　研** 社会福祉法人こうほうえん理事長
2	**介護福祉マーケティングと経営戦略** ――エリアとニーズのとらえ方	**馬場園　明** 九州大学大学院医学研究院医療経営・管理学講座教授
3	**介護福祉 IT システム** ――効率運営のための実践手引き	**豊田雅章** 株式会社大塚商会本部 SI 統括部長
4	**リハビリテーション・マネジメント** ―― QOL 向上のための哲学	**竹内孝仁** 国際医療福祉大学大学院教授／医師
5	**医療・介護福祉連携とチーム介護** ――全体最適への早道	**苛原　実** 医療法人社団実幸会いらはら診療所理事長・院長
6	**介護事故と安全管理** ――その現実と対策	**小此木　清** 弁護士法人龍馬　弁護士
7	**リーダーシップとメンバーシップ、モチベーション** ――成功する人材を輩出する現場づくりとその条件	**宮野　茂** 日本化薬メディカルケア株式会社代表取締役社長

※タイトル等は一部予告なく変更する可能性がございます。